Weltreligionen

erzählen und verstehen

Kinder begleiten
in Schule, Gemeinde
und Familie

Herausgegeben von
Dietrich Steinwede und Ingrid Ryssel

Kreativteil und graphische Gestaltung:
Doris Westheuser

Gütersloher Verlagshaus

Die Deutsche Bibliothek – CIP-Einheitsaufnahme

Religion – spielen und erzählen :
Kinder begleiten in Schule, Gemeinde und Familie /
graph. Gestaltung: Doris Westheuser. –
Gütersloh : Gütersloher Verl.-Haus.

6. Weltreligionen – erzählen und verstehen. – 1999

Weltreligionen – erzählen und verstehen:
Kinder begleiten in Schule, Gemeinde und Familie /
hrsg. von Dietrich Steinwede und Ingrid Ryssel.
Graph. Gestaltung: Doris Westheuser. –
Gütersloh : Gütersloher Verl.-Haus, 1999
(Religion – spielen und erzählen ; 6)
ISBN 3-579-02242-3

Hinweis zur neuen Rechtschreibung:
Teil 1: Geschichten: Hier handelt es sich ausschließlich um Lizenztexte von
Autorinnen, Autoren und Verlagen, auf die wir bezüglich der neuen Rechtschreibung keinen Einfluß haben.
Teil 2: Kreatives: In diesem Teil wurde die neue Rechtschreibung angewandt.

ISBN 3-579-02242-3

Umschlaggestaltung: Doris Westheuser, Versmold.
Satz und Reproduktionen: Götz, Gütersloh und Weserdruckerei Rolf Oesselmann GmbH, Stolzenau
Druck und Bindung: Kunst- und Werbedruck GmbH & Co KG, Bad Oeynhausen
Printed in Germany

In den verschiedenen Wassern
spiegelt sich derselbe Mond.
Hindu-Wort

Für des Menschen Aufstieg ist keine Grenze.
Und jedem ist das Höchste offen.
Rabbi Nachman

Zur Achtung Andersgläubiger will dieses Heft beitragen, zum Verstehen des anderen, der in dieser Welt in eine andere Religion hineingeboren ist, zum Miteinander der Religionen in der Verantwortung für diese Welt, diesen Stern, diesen blauen Planeten, der allen Menschen, nicht zuletzt denen, die sich in Religionen gebunden wissen, überantwortet ist, daß sie ihn behüten und bewahren.

Ahmad Kaftaro, der Großmufti von Syrien, hat das in deutliche Worte gefaßt: »Wir, die Männer und Frauen der Religionen, müssen eine Revolution des Glaubens in Kooperation herbeiführen, eine Revolution der mutigen Erneuerung, des Ernstes, der Weisheit und des modernen Wissens, genauso wie unsere geistlichen Vorväter Abraham, Moses, Jesus und Mohammed es unternommen haben. Wir umarmen euch Christen. Darum umarmt auch uns Muslime. Wir halten Christus, Maria und das Evangelium heilig. Also erwidert den Gruß eurer muslimischen Schwestern und Brüder. Unser Planet gleicht einem Schiff, das durch das Weltall kreuzt. Und alle Passagiere sind gleicherweise verantwortlich für Sicherheit und Wartung. Alle Gläubigen und ernsthaften Gelehrten sind aufgefordert, möglichst rasch mit einem Dialog zu beginnen, so daß jeder mit dem vertraut ist, was der andere anzubieten hat.«

Das mag angesichts von terroristischem Fundamentalismus und Fanatismus gerade im Islam, aber auch angesichts verbohrter Orthodoxie bei manchen Juden und Christen unrealistisch klingen, ist aber im Hinblick auf die Zukunft der Welt im neuen Jahrtausend die einzig diskutable Alternative. Deshalb die Bemühung, Kinder als die Garanten der Zukunft so früh wie möglich zu einer verständnisvollen, offenen Haltung gegenüber Andersdenkenden und Andersglaubenden zu erziehen. Dies geschieht zum einen dadurch, daß man mehr, als es bisher üblich war, über die besonderen Lebens- und Glaubensformen der anderen informiert, zum andern aber – und dies ist noch wichtiger –, daß man Kindern durch gut erzählte Geschichten und kreative Auseinandersetzung ein Erleben und Erfahren zentraler Inhalte anderer Religionen ermöglicht mit der Folge, daß sie, emotional betroffen, sich den anderen als ›Schwestern und Brüder‹ in dieser einen Welt zuwenden, ihnen im Herzen nahekommen. »Wir sind in der eigenen Religion zuhause«, sagt der Religionswissenschaftler und -pädagoge Paul Schwarzenau, »in der anderen Gäste, nicht mehr Fremde.«

Es kann dabei durchaus mitmenschliche Wärme (›Martin und Mustafa beten – jeder zu dem einen Gott‹; ›Die Hauptsache‹), auch unter offiziellen Religionsvertretern (in ›Hier spielt niemand mehr‹ zwischen Imam und evangelischem Pfarrer), ja sogar freundschaftliche Liebe ins Spiel kommen (›Schalom David‹).

Prinzip der Auswahl war, soviel wie möglich auf Kinderebene – entsprechend einfach – zu vermitteln. Darum erzählen in den Informationstexten Kinder aus ihren Religionen (Dan aus Israel erzählt von ›Pessach‹; Aishe aus der Türkei erzählt ›Was heißt das, muslimisch zu sein?‹; Ritoo aus Indien erzählt ›Was heißt das, ein Hindu zu sein?‹). Darum werden im Erfahrungsteil Eindrücke von Kindern geschildert (›Schabbat‹;›Bar Mizwa‹; ›Chanukka‹). Darum ist der gesamte zweite Teil überschrieben ›Das Miteinander der Kinder in den Religionen‹. Dies schließt die Erwachsenenperspektive nicht aus (›Die Wallfahrt nach Mekka – die Kaaba‹; ›Wie die buddhistische Lehre entstand‹; ›Das Rad des Lebens‹; ›Geister habe ich nicht gesehen‹).
In der Gottesfrage geht es dann um intensives Nachdenken, auch um intellektuelle Auseinandersetzung (›Die sechs Blinden und der Elefant‹; ›Meine Religion ist die beste‹). ›Welcher Gott ist der wahre Gott?‹ ist die hier gestellte Frage. Niemals kann es bei der Antwort darum gehen, einen Einheitsgott, einen Weltgott für alle zu konstruieren. Es geht vielmehr darum, daß in jeder Religion eine zentrale Gottheit erkannt werden kann, eine Gottheit, von der ein Glaubender einer anderen Religion zu sagen vermag: ›Dieser Gott ist auch mein Gott.‹ Wichtig erscheint in diesem Zusammenhang Mahatma Gandhis Wort: ›Ich glaube an die fundamentale Wahrheit aller großen Religionen der Welt. Ich glaube, daß jede notwendig war für das Volk, der sie offenbart wurde. Und ich glaube, daß die großen Schriften dieser Religionen ein und dieselbe Wurzel haben und einander stärken.‹

Vorwort

Wichtig ist, daß in dem angestrebten Dialog ›die Dialogpartner immer erkennbar bleiben müssen‹ (Fulbert Steffensky). Radakrishnan, ehemaliger Staatspräsident Indiens, sagte anläßlich der Verleihung des Friedenspreises des deutschen Buchhandels 1961 in der Frankfurter Paulskirche:
»Wir anerkennen die verschiedenen Religionen. Wir erkennen auch die Einheit, die ihnen zugrundeliegt. Wir wollen aber keinesfalls ihre Vielfalt verflachen oder Gleichförmigkeit auferlegen. Jede Religion wird es lernen, unter Aufrechterhaltung ihrer Individualität die Werte der anderen anzuerkennen. Die verschiedenen Glaubensbekenntnisse sind wie die verschiedenen Finger der liebenden Hand des Höchsten. Sie wenden sich an jeden und bieten Vollkommenheit des Seins für alle.«

Es gibt Trennendes. Christen können nicht (manche möchten es wohl), so wie Hindus und Buddhisten, an die Wiedergeburt in ein neues Lebensdasein hier auf Erden glauben. Buddha lehrt, Begierde, Vergnügen und Leidenschaft zu überwinden. Ein Christ aber will seine Sexualität als gottgegeben bewußt leben, kommt ohne die Leidenschaft der Liebe, auch der Liebe zur Schöpfung, die er als Gottesgabe sieht, nicht aus. Dennoch bleiben ihm die Buddha-Forderungen Orientierung: Hilfe zum Maßhalten, zur Verinnerlichung und Meditation. Für den Muslim kann z.B. Allah kein Vater sein. Allah ist der eine, der Barmherzige. Darum ist Jesus (Isa) im Koran nicht Gottessohn, sondern Prophet. Usf. usf. Tausend und abertausend große und kleine Unterschiede!

Aber was gibt es alles an wesentlichen Gemeinsamkeiten: Muslime und Christen rufen beide zur Gerechtigkeit auf, zur Barmherzigkeit gegenüber allen, die in Not sind. Die Buddhisten erstreben nichts sehnlicher als den Frieden, den Frieden mit sich selbst und den Frieden in der Welt. Hier sind sie den Christen ganz nahe. Jesus forderte seine Jünger auf, die Feinde (die Fremden) zu lieben. Der jüdische Theologe Pinchas Lapide nennt das ›Entfeindungsliebe‹.

Wieviel Gemeinsames haben z.B. die Religionen in ihren Festen, besonders in ihren Frühlingsfesten: Pessach bei den Juden, Ostern bei den Christen, das Holi-Fest bei den Hindus. Oder ganz speziell in ihren Lichter-Festen: Chanukka bei den Juden, Weihnachten bei den Christen, Divali bei den Hindus.

Lernt voneinander, lautet die Devise. Wenn man im Einzelnen u.U. auch nicht zustimmen kann, so zeigen doch die Worte des indischen Philosophen Ramakrishna (1836-1886) die Richtung an: »Seid Christen in der Barmherzigkeit, Muslime in der steten Befolgung der gottesdienstlichen Verrichtungen und Hindus in eurer Mildtätigkeit gegen alle Lebewesen.«

Achtet einander! So wie Mutter Teresa es tat, die in ihrem letzten Spiegelinterview 1996 sagte. »Ich brachte niemals jemanden dazu, mit Druck Christ zu werden. Wenn ein Hindu oder Muslim stirbt, helfe ich ihm einfach, zu Gott zu beten, zu *seinem* Gott. Ich spreche meine Gebete. Er spricht die seinen« (vgl. dazu ›Martin und Mustafa beten – zu dem einen Gott‹). Mohammed z.B. kannte die Christen. Er hatte Respekt vor ihnen. Er besuchte christliche Klöster, führte Gespräche mit den Mönchen. In Sure 5,82 des Koran heißt es: ›Diejenigen, die den Gläubigen (den Muslimen) in der Liebe am nächsten sind, sind die Christen.‹ Und das zweite Vatikanische Konzil urteilte. ›Der Heilswille Gottes umfaßt auch die Muslime, die sich zum Glauben Abrahams bekennen und mit uns den einen Gott anbeten, den barmherzigen.‹

Weltumspannend denken, lautet die Devise, oikoumenisch denken. Eine Oikoumene der Religionen im Auge haben So wie Dom Héldèr Câmara, der berühmte brasilianische Erzbischof, sie im Auge hatte, als er formulierte. »Ich möchte jedem Kind eine Weltkarte schenken oder einen Leuchtglobus, damit sein Blick sich weitet, damit Interesse entsteht für jedes Volk, jede Hautfarbe, jede *Religion.*« Wunsch und Wille zum Handeln sind die Folgen eines solchen Interesses. (›Eine Brücke laßt uns bauen‹).

Die Religionen und ihre Vertreter können einander helfen. Hinderliche Rückständigkeit kann durch Denken und Lernen aufgeholt werden (›Geister habe ich nicht gesehen‹). Mission im alten Stil ist nicht mehr angesagt. ›Gehet hin in alle Welt und *dienet* allen Völkern‹ wäre der sogenannte Missionsbefehl Matthäus 28,19-20 abzuwandeln. Und: Haltet Frieden! So, wie es Kolosser 1,20 zu lesen ist: ›Unter ihm als dem Haupt soll Friede werden, der Friede, den er gestiftet hat. Dieser Friede umfaßt alle Menschen in der Welt.‹ Oder im Koran: ›Gott, du bist Friede. Friede geht von dir aus und kehrt zu dir zurück. Lege Worte in unsern Mund, die Versöhnung stiften.

Mache uns lebendig für Gerechtigkeit und Frieden‹ (aus den Suren 1 und 49).
Solche Ziele sind erreichbar. Kinder erreichen sie z.B., wenn in einem Land, in dem drei Religionen aufeinandertreffen, Israel ist gemeint, wenn hier ein achtjähriges arabisches Mädchen, Doar Nir, eine riesige Friedenstaube mit Ölblatt im Schnabel malt und darunter eine Synagoge, eine Kirche, eine Moschee und sechs Kinder, zwei jüdische, zwei christliche und zwei muslimische, die einander an den Händen halten.

Bei den Kindern muß es anfangen: In England und Holland werden schon heute Kinder in multireligiösen Schulen, das Eigene wahrend, das Gemeinsame betonend, unterrichtet. In Deutschland findet Begegnung in Kindergärten und Schulen vor allem zwischen christlichen und muslimischen Kindern statt. Schulklassen besuchen Kirche und Moschee (im Einzelfall auch eine Synagoge). Sie sprechen mit Pfarrerin/Pfarrer, mit Imam oder mit dem Rabbiner. Gut vorbereitet, stellen sie Fragen. Im Kindergarten, in der Schule feiern sie die Feste der anderen mit. Sie feiern auch gemeinsame Feste, deren Grundlage Texte und Gebete sind, die alle gemeinsam hören und sprechen können. Sie versuchen immer wieder, ein Stück in den Mokassins der anderen zu gehen, wie ein altes indianisches Sprichwort es sagt.

Sie erweitern und bereichern Wissen und Erfahrung. Sie führen unablässig Gespräche. Im Haus der Welt gehen sie aufeinander zu.

Weitgehend mag das noch Wunschdenken sein. Daß es immer mehr Realität werde, dazu möchte dieses Heft beitragen.

Einmal in seiner Geborgenheit
das ganze Weltall,
die geeinten Völker.
sumerisch, um 3000 v.Chr.

Wir fügen hinzu: Einmal in ihrer Geborgenheit, in ihrer Nähe zueinander, die Religionen der Welt.

Dietrich Steinwede

Inhalt Geschichten

Glaube und Leben in den Religionen

Seite

Das Miteinander der Kinder in den Religionen

Seite

Welcher Gott ist der wahre Gott?

Glaube und Leben in den Religionen

Passah / Purim / Chanukka /
Rosh hashana / Sukkot / Chawuot /

Rätsellösungen:

Seite 54: Christentum, Judentum, Islam, Hinduismus und Buddhismus – Weltreligionen

Seite 56: J A H W E

Seite 64: oben: Immer ist es ein Gotteshaus
unten: Gott hat viele Namen

Quellenhinweise

Seite 9	**Schabbat** *Hans Peter Richter*	***Aus:*** »Damals war es Friedrich«, dtv junior 7800, © Leonore Richter-Stiehl, Mainz.
Seite 11	**Bar Mizwa** *Hans Peter Richter*	***Aus:*** »Damals war es Friedrich«, dtv junior 7800, © Leonore Richter-Stiehl, Mainz.
Seite 14	**Pessach** *Monika und Udo Tworuschka*	***Aus:*** »Die Weltreligionen Kindern erklärt« von Monika und Udo Tworuschka, Gütersloher Verlagshaus, Gütersloh, 2. Aufl. 1997.
Seite 16	**Chanukka** *Sydney Taylor*	© Autor
Seite 18	**Was heißt das, muslimisch zu sein?** *Georg Schwikart*	***Aus:*** Georg Schwikart »Gott hat viele Namen«. Kinder aus aller Welt erzählen von ihrem Glauben, © 1996 Patmos Verlag, Düsseldorf.
Seite 20	**Wallfahrt nach Mekka – Die Kaaba** *Udo Kelch (Textfassung D. Steinwede)*	
Seite 22	**Was heißt das, ein Hindu zu sein** *Georg Schwikart*	***Aus:*** Georg Schwikart »Gott hat viele Namen«. Kinder aus aller Welt erzählen von ihrem Glauben, © 1996 Patmos Verlag, Düsseldorf.
Seite 24	**Wie die buddhistische Lehre entstand** *Dietrich Steinwede*	© Autor
Seite 26	**Das Rad des Lebens** *Manfred Kyber*	Originaltitel: ›Der Pilger mit dem schleppenden Hinterbein‹. Aus: Manfred Kyber »Gesammelte Tiergeschichten«, © Hesse und Becker Verlag, Berlin
Seite 27	**Geister habe ich nicht gesehen** *Renate Welsh*	Originaltitel: ›Auf Würmer schießen‹. ***Aus:*** »Ich verstehe die Trommel nicht mehr«. Erzählungen aus Afrika, hrsg. von Renate Welsh, © 1979 by Verlag Jungbrunnen, Wien-München.
Seite 30	**Die Einladung** *Wolf D. Aries*	© Autor
Seite 32	**Die Hauptsache** *Jutta Modler*	***Aus:*** ›Du Jesus, hör mal zu!‹, hrsg. von Jutta Modler. Tyrolia, Innsbruck 1994, © Autorin
Seite 33	**Hier spielt niemand mehr** *Wolf D. Aries*	© Autor
Seite 35	**Martin und Mustafa beten – jeder zu dem einen Gott** *Barbara Hlauschka-Steffe*	Originaltitel: ›Mustafa zwischen Sven und Martin‹. ***Aus:*** »Menschenzeit – Gotteszeit«, hrsg. von Erhard Domay, © Verlag Ernst Kaufmann, Lahr.
Seite 37	**Marjam und Isa – Die muslimische Erzählung von der Geburt Christi** *Dietrich Steinwede*	
Seite 38	**Schalom David** *Antoinette Becker*	***Aus:*** ›Meine Welt‹ 29 / 1986, Gütersloher Verlagshaus, Gütersloh, © Autorin.
Seite 40	**Meine Religion ist die beste** *nach Leo N. Tolstoj*	
Seite 41	**Die sechs Blinden und der Elefant** *Dietrich Steinwede*	Nach einer buddhistischen Legende.
Seitc 42	**Eine Brücke laßt uns bauen** *Josef Reding*	© Autor.

Für freundlich erteilte Abdruckgenehmigungen danken wir allen Autorinnen, Autoren und Verlagen

Beten

Brot

Fest

Gottesdienst

Licht

Lobpreis

Ruhe

Schöpfung

Segen

Synagoge

Wein

Zukunft

Zur Erzählung:
Es ist kurz vor Beginn des Dritten Reiches (1930). Ein deutscher Junge (Ich-Erzähler) feiert mit seinem jüdischen Freund Friedrich Schneider und dessen Eltern den Schabbat. An ihrem religiösen Brauchtum festzuhalten, das bedeutet für die Juden Halt in gefährdeten Zeiten.

Schabbat, einer der Eckpfeiler der jüdischen Religion, als Schöpfungstag der Ruhe am Samstag (dem ›Sonntag‹ der Juden) gefeiert, unterliegt wie unser Sonntag dem Heiligungsgebot Exodus 34,21. Strenggläubige Juden verbringen noch heute den Tag ohne Fernsehen, Auto und Telefon. Da der jüdische Tag vom Abend zum Abend reicht, beginnt der Schabbat am Freitagabend mit Aufgehen des ersten Sterns. Am 7. Tag war die Schöpfung noch unberührt schön, darum wird das Haus festlich hergerichtet und alle, Familie und Gäste, tragen festliche Kleidung. Man begrüßt einander mit ›Gut Schabbes‹. Die Hausfrau entzündet die beiden Kerzen auf dem Schabbatleuchter und spricht einen Segen. Danach besucht man häufig den Abendgottesdienst in der Synagoge, um zur Schabbatmahlzeit zurückzukehren. Auf dem Tisch liegen (bedeckt) zwei Zopfbrote (Challot oder Challes). Der Hausherr schneidet sie an. Es wird gesungen, gebetet, gelesen, Wein getrunken, und man widmet sich der köstlichen vor Schabbatbeginn zubereiteten Mahlzeit. Am Schabbatmorgen folgt dann wieder ein Synagogengottesdienst. Sinn des Schabbats ist, daß man der Erschaffung der Welt gleicherweise wie ihrer Zukunft gedenkt. Die schabbattreuen Juden hoffen auf eine Welt, in der die Menschen als Ebenbilder Gottes ihre Konflikte behutsam miteinander austragen. In der Zeit Jesu gab es teilweise unsinnige Schabbatvorschriften. Jesus hat sich mit Entschiedenheit dagegen zur Wehr gesetzt.

Mesusah: Kleiner walzenförmiger Behälter mit einer winzigen Pergamentrolle, auf der Bibelworte stehen, darin.
Kipa (das Käppchen auf Herrn Schneiders Kopf): Kein Jude tritt unbedeckten Hauptes vor Gottes Angesicht.
Efraim und Manasse: Söhne Josefs, später zwei Stämme des Volkes Israel.

Schabbat

von Hans Peter Richter

Meine Mutter wusch für fremde Leute. Aber niemand durfte es wissen, weil sie sich schämte. Vater war auf Stellungsuche, und ich spielte mit Friedrich in Schneiders Wohnung.
»Was ist das für ein Röhrchen, das ihr dort oben am Türpfosten hängen habt?« fragte ich Friedrich.
Frau Schneider kam zu uns ins Zimmer. Sie antwortete für Friedrich: »Das ist unsere Mesusah«, sagte sie, »unser Haussegen. Er soll uns helfen, nie Gott und seine Gebote zu vergessen.«
Sie nahm mich bei der Hand. Als wir das Zimmer verließen, tastete sie mit der Rechten nach der Mesusah und küßte die Finger, mit denen sie das Röhrchen berührt hatte.
»Schau ein wenig auf die Straße«, bat sie mich, » Friedrich muß sich noch umziehen; gleich kommt sein Vater.«
Bevor sie hinausging, füllte sie mit dem Kohlenschütter den Ofen. Sie machte ihn ganz voll und regelte ihn dann so ein, daß er nur schwach brennen konnte.
Ich stand allein im Wohnzimmer. Meine Mutter würde erst am nächsten Tag mit dem Reinemachen beginnen. Friedrichs Mutter war schon fertig. Die Tischplatte glänzte; kein Stäubchen lag auf den Möbeln; die Scheiben in den Schränken blitzten.

Während ich noch alles bestaunte, trat Friedrich ein. Er hatte ein weißes Hemd an und trug seinen besten Anzug. Frau Schneider rückte uns zwei Stühle ans Fenster; schweigend guckten wir hinaus.

Draußen dämmerte es. Polykarps, des Gartenzwergs Zipfelmütze ließ sich kaum noch vom Gras unterscheiden. In einzelnen Wohnungen brannte schon Licht. Rasch hintereinander flammten die Gaslaternen auf. Nur wenige Menschen gingen über die Straße. Es war so still. Auch Schneiders Wohnzimmer schien mir feierlich ruhig. Frau Schneider breitete eine weiße Decke über den Tisch, so weiß, daß sie im schummrigen Zimmer strahlte. Aus dem Schrank nahm sie zwei Leuchter mit neuen Wachskerzen. Sie stellte die Leuchter auf den Tisch. Aus der Küche holte sie zwei kleine selbstgebackene Brote. Diese beiden Brote legte sie ebenfalls auf den Tisch zwischen die Leuchter und den Platz von Herrn Schneider.
Ich blickte schon lange nicht mehr zum Fenster hinaus, sondern sah Frau Schneider bei ihren Vorbereitungen zu.
»Was ist los bei euch?« fragte ich Friedrich flüsternd.
»Schabbat!« antwortete Friedrich ebenso leise.

Nur noch ein schmaler blutroter Streifen über einem Hausdach am Ende der Straße verriet, wo die Sonne versank. Er tauchte alles in Rot.
Frau Schneider zog ihre Kittelschürze aus. Sie nahm einen großen silbernen Becher aus dem Schrank und stellte ihn an Herrn Schneiders Platz. Daneben legte sie ein Gebetbuch. Dann entzündete sie die beiden Kerzen. Dabei kehrte sie sich der Wand zu, die vom Abendrot übergossen war, und sprach murmelnd etwas vor sich hin.
Während Frau Schneider betete, hörten wir, wie Herr Schneider die Wohnungstür aufschloß.
Kurz darauf betrat er im dunklen Anzug, den Kopf mit einem winzigen bestickten Käppchen bedeckt, das Wohnzimmer.
Friedrich ging seinem Vater entgegen. Herr Schneider legte ihm eine Hand auf den Scheitel und sagte: »Möge dich Gott wie Efraim und Manasse werden lassen. Der Herr segne dich und behüte dich; der Herr lasse dir sein Angesicht leuchten und sei dir gnädig; der Herr wende dir sein Angesicht zu und verleihe dir Frieden.«
Dann schlug er das bereitliegende Buch auf und las seiner Frau etwas in hebräischer Sprache vor.
Schweigend, mit geneigtem Kopf lauschte Frau Schneider dem Lesenden.

Ich starrte noch immer verwundert in die Kerzenflammen und wußte mit alldem, was ich erlebte, nichts anzufangen. Herr Schneider nahm den Becher vom Tisch und goß ihn voll Wein. Mit beiden Händen hielt er ihn und betete.
Dann tranken wir alle einen Schluck daraus, zuerst Herr Schneider, dann Frau Schneider, danach Friedrich, zuletzt ich.
Herr Schneider verließ das Zimmer, um seine Hände zu waschen.
Als er zurückkehrte, sprach er über dem selbstgebakkenen Brot: »Gelobt seist Du, Herr unser Gott, König der Welt, der das Brot aus der Erde hervorbringt.«
Er schnitt ein Brot auf und reichte jedem von uns ein Stückchen. Wir verzehrten es schweigend.

Unten in unserer Wohnung zapfte jemand Wasser aus der Leitung. »Deine Mutter ist heimgekommen«, sagte Frau Schneider leise, »wenn du möchtest, kannst du ihr ein paar Birnen mitnehmen. Die werden uns sonst zu weich. Das Spankörbchen steht im Flur.«
Ich bedankte und verabschiedete mich und stieg mit den Birnen hinab zu Mutter.
Im Einschlafen hörte ich noch, wie Schneiders leise und traurig miteinander sangen.

Zur Erzählung:
Wir schreiben das Jahr 1938. Das Terrorregime der Nazis geht seinem Höhepunkt entgegen. Sich mit Friedrich – Israel – Schneider zu zeigen, ist bereits gefährlich. Dennoch: Die Synagoge steht noch (es ist also die Zeit vor den Novemberpogromen des Jahres). Detailliert geschildert wird der Ablauf von Friedrichs Bar-Mizwa-Feier. Sein deutscher Freund verfolgt gespannt den Ablauf, ist über Friedrichs Hebräisch-Kenntnisse höchst verwundert. Die Schilderung – die bisher beste der deutschen Kinderliteratur – gibt eine Fülle von Informationen, z.B. Tallit (Gebetsschal, -mantel), Toraschrein (zum Aufbewahren der Torarollen in jeder Synagoge), Torarolle (Tora = wichtigste Textgrundlage für alle jüdischen Gottesdienste).

Bar-Mizwa = ›Sohn der Pflicht‹. Der Dreizehnjährige ist jetzt voll gesetzesfähig, er kann z.B. bei der Minjan, der notwendigen Mindestzahl von zehn Anwesenden bei einem Gottesdienst, seinen Mann stellen. Heute gibt es in manchen jüdischen Familien für Mädchen ab 12 (!) auch die Bat-Mizwa – ›Tochter der Pflicht‹, also die offizielle Religionsmündigkeit für Mädchen. Einmal im Leben darf das Mädchen aus diesem Anlaß auch aus der Tora lesen.

Beschneidung (nicht erwähnt, aber wichtig) = ›Zeichen‹ des Bundes zwischen Gott und seinem Volk, die offizielle Zugehörigkeit zum Judentum dokumentierend: Entfernung der Vorhaut des Gliedes in der Regel am 8. Tag nach der Geburt (vgl. die Beschneidung Jesu Lukas 2,21).

Dank

Fest

Gefährdung

Gemeinde

Gesetz

Gott

Hebräisch

Messias

Rabbiner

Religionsmündigkeit

Synagoge

Tora

Toralesung

Torarolle

Toraschrein

Bar Mizwa

von Hans Peter Richter

Ich war mitgegangen, obwohl mich Vater erst vor einer Woche gebeten hatte: »Zeig dich nicht mehr so oft mit Schneiders Sohn auf der Straße; ich habe sonst Schwierigkeiten.« Nun standen wir im großen Raum der Synagoge, Herr Schneider, Friedrich und ich. Friedrich und sein Vater trugen ihre besten Anzüge; ich daneben hatte nur meine Alltagskleidung an.
Allmählich füllte sich auch die Sitzbank vor der unsrigen. Männer, die Hüte auf dem Kopf, schüttelten uns die Hände und wünschten uns »Gut Schabbes«. Besonders aber für Friedrich fanden sie alle ein freundliches Wort oder klopften ihm auf die Schulter.

Nach und nach hoben alle Anwesenden die Sitzbretter ihrer Bank hoch. Darunter befanden sich kleine Fächer.
Friedrich entnahm seinem Fach einen großen weißen Schal, ein Gebetbuch und sein Gebetskäppchen. Dafür verstaute er seine Mütze im Fach. Den Schal mit den langen Fransen berührte er mit den Lippen und legte ihn um.

»Mein Tallith, mein Gebetsmantel!« flüsterte er mir zu. Ein Mann mit Schnitthut, dessen langer schwarzer Mantel bis zu den Füßen reichte, stieg die Stufen einer Vertiefung mitten im Raum hinab. Er trat an ein teppichbedecktes Betpult, blätterte ein dickes Buch von hinten auf und begann sofort, in singendem Tonfall ein Gebet zu sprechen. »Unser Rabbiner!« unterrichtete mich Friedrich leise. Dann schlug auch er sein Gebetbuch auf und betete ebenfalls hebräisch. Manchmal unterbrach er den Gesang des Rabbiners durch einen Zwischenruf, ein andermal stimmte er anscheinend ein ganz anderes Gebet an.

Ich staunte. Woher konnte Friedrich so gut Hebräisch? Er hatte mir nie etwas davon verraten. Er kam mir vor wie einer von den vielen Erwachsenen ringsumher. Hin und wieder schaute Friedrich von seinem Gebetbuch auf und nickte mir zu.
Der Rabbiner betete nach Osten gewandt. Vor der Ostwand, die mit einem roten Vorhang verhängt war, mach-

te er immerfort kleine Verbeugungen, so daß es aussah, als ob er vor- und zurückwippe.
Dieser Vorhang war mit goldenen hebräischen Schriftzeichen bestickt. Sonst gab es im ganzen Raum kein Bild, keinen Schmuck, nur große vielarmige Leuchter mit Kerzen. Von einem seitlichen Rang her schauten die Frauen dem Gottesdienst unten im Raum zu.

Während ich noch das Innere der Synagoge betrachtete, vereinigten sich die Stimmen der Gemeinde mit der des Rabbiners.
Der Gesang wurde lauter und einheitlicher.
Der Rabbiner schritt gemessen zum Vorhang hin.
Ein Synagogendiener zog den roten Samt beiseite.
Darunter erschien eine kleine Tür in der Wand.
Der Rabbiner öffnete die Tür. Er gab den Blick in die Lade frei.
»Die Tora!« erklärte mir Friedrich.
Die Tora war in einen Umhang gehüllt, mit einer silbernen Krone und einem silbernen Schild verziert.

Der Rabbiner hob sie aus der Lade. In feierlichem Umzug trug er die schweren Rollen durch den ganzen Raum. Überall, wo er vorüberkam, verließen die Gläubigen ihre Plätze. Sie führten ihren Tallith an die Tora und dann zu den Lippen.
»Jetzt kommt die Überraschung!« verriet mir Friedrich. Er schien sehr aufgeregt.
Herr Schneider zog ihn beruhigend an sich. Er klopfte ihm auf die Schulter und strich ihm über das Haar.

Am Betpult nahm man der Tora die Krone, den Schild und den Umhang ab. Die mächtige handgeschriebene Pergamentrolle wurde auf das Pult gelegt. Nacheinander lud der Rabbiner sieben Männer aus der Gemeinde an sein Pult. Als letzten rief er Friedrich auf. Herr Schneider legte Friedrich beide Hände auf die Schultern. Stolz blickte er seinem Sohn in die Augen, dann schickte er ihn zum Rabbiner.

Auch der Rabbiner begrüßte Friedrich viel feierlicher als die übrigen Männer.
»Er ist zum erstenmal in seinem Leben zum Wochenabschnitt aufgerufen!« sagte Herr Schneider stolz zu mir. »Nachher darf er auch noch den Propheten-Abschnitt lesen.«
Wie die anderen berührte auch Friedrich die Torastelle, die der Rabbiner ihm zeigte, mit dem Tallith und küßte den Tallith. Dann sang er die Einleitung. Aber während bei den anderen der Vorbeter den eigentlichen Tora-Abschnitt gesungen hatte, übernahm Friedrich den silbernen Stift, führte ihn von rechts nach links die Zeilen entlang und sang seinen Tora-Abschnitt allein.

Nachdem Friedrich seinen Tora-Abschnitt rasch und sicher gesungen hatte, berührte er die letzte Stelle wieder mit seinem Tallith und den Tallith mit dem Munde.
Während die Torarollen wieder mit ihrem Schmuck versehen wurden, las er aus einem dicken Buch den Propheten-Abschnitt. Dann kehrte er zu uns an seinen Platz zurück. Wie zu Beginn übernahm der Rabbiner wieder die Torarolle und zog mit ihr durch den Raum. Und wieder drängten sich die Gläubigen zu dem Heiligtum hin.
Der Rabbiner hob die Rolle in die Lade, betete noch vor der Lade und verschloß dann die kleine Tür.

Danach trat der Rabbiner vor die Gemeinde und hielt eine kleine Predigt. Zum erstenmal, seit ich in der Synagoge war, redete er deutsch. Diese Predigt galt nur Friedrich; sie zeichnete ihn vor allen Anwesenden aus. Immer wieder schauten einzelne Männer zu Friedrich hin. Sie nickten ihm lachend und glückwünschend zu.

»Heute, eine Woche nach deinem dreizehnten Geburtstag«, sagte der Rabbiner, »bist du zum erstenmal in deinem Leben aufgerufen worden, vor der Gemeinde einen Abschnitt aus der Tora zu verlesen. Für jeden Juden ist es eine ganz besondere Ehre, die Heilige Schrift verkünden zu dürfen. Der Tag aber, an dem dies zum erstenmal geschieht, ist ein besonderer Tag. Damit beginnt ein neuer Abschnitt deines Lebens. Fortan bist du allein vor dem Herrn für dein Tun verantwortlich. Bis heute hat dein Vater diese Verantwortung getragen, aber von heute an stehst du als gleichwertiges Mitglied der Gemeinde unter uns. Bedenke das!
Befolge die Gebote des Herrn! Niemand kann dir die Schuld abnehmen, wenn du gegen sie verstößt.

In einer schweren Zeit nimmst du eine schwere Pflicht auf dich. Wir sind von Gott auserwählt, dereinst vom Messias in unsere Heimat zurückgeführt zu werden und das Königtum des Messias aufrichten zu helfen. Aber Gott hat uns auch das schwere Schicksal auferlegt, bis zu jenem Tag verfolgt und gepeinigt zu werden.
Immer wieder müssen wir uns daran erinnern, daß der Herr uns dieses Schicksal bestimmt hat. Wir dürfen und

können ihm nicht ausweichen, selbst dann nicht, wenn wir glauben, darunter zusammenbrechen zu müssen. Bedenket, die heilige Tora fordert ...«, und der Rabbiner beendete seine Predigt mit einem Satz in hebräischer Sprache.
Bald danach schloß der Gottesdienst mit einem gemeinsamen Lied.

Ich wartete mit Friedrich und seinem Vater vor der Synagoge. Wie gern hätte ich gefragt! Aber es ergab sich keine Gelegenheit. Alle Männer aus der Synagoge kamen zu uns und beglückwünschten Friedrich. Man konnte ihm den Stolz vom Gesicht ablesen.
Als auch die Frauen die Synagoge verlassen hatten, gingen wir in einer großen Zahl von Verwandten und Bekannten nach Hause.

Frau Schneider war schon vorausgelaufen. Sie empfing uns an der Wohnungstür und geleitete alle in das Wohnzimmer. Dort hatte sie ein feierliches Schabbatmahl hergerichtet. Es gab von allem.

Bevor aber das Festmahl begann, hielt Friedrich eine Rede, wie ein erwachsener Redner sie hält. »Lieber Vater, liebe Mutter, liebe Verwandte«, fing er an. »Der Herr hat uns befohlen, wir sollen Vater und Mutter ehren, damit wir lange in seinem Lande leben, das er uns geschenkt hat. Er möge mir verzeihen, wenn ich seinem Gebot bisher nicht genügend gefolgt bin.
Dreizehn Jahre, durch gute und schlimme Zeiten, liebe Eltern, habt ihr mich aufgezogen und geführt im Gebot des Herrn. Euch und allen, die euch beigestanden haben, verdanke ich es, daß ich heute in die Gemeinde aufgenommen worden bin. Durch mein Denken und Handeln will ich mich dieser Ehre und Pflicht würdig erweisen.
Möge euch, liebe Eltern und Verwandte, der Herr einhundertundzwanzig Jahre eines gesunden und frohen Lebens schenken, damit ich die Zeit finde, den Dank abzutragen, den ich euch schulde ...«
Frau Schneider weinte.
Herr Schneider blickte vor sich auf den Boden. Zerstreut kramte er in seiner Jackentasche.

Als Friedrich endete, klatschten ihm alle Beifall. Sein Vater überreichte ihm eine Armbanduhr. Auch die anderen Gäste brachten Geschenke.
»Du«, fragte ich Friedrich leise, »woher kannst du das alles, das Hebräische und die Rede?«
Friedrich lächelte stolz: »Gelernt! Meinen Tora-Abschnitt und die Rede habe ich fast drei Monate üben müssen.«
Ich staunte.
Friedrich genoß meine Verwunderung. »Soll ich dir sagen, was Friedrich auf Hebräisch heißt?« fragte er mich.
Ich nickte.
»Salomon!« verriet Friedrich lachend.

Während wir aßen, klingelte es.
»Wer wird denn jetzt noch kommen?« fragte Frau Schneider erschrocken. Sie ging zur Tür und öffnete.
Lehrer Neudorf trat ein. Er wünschte Friedrich zu seinem Festtag alles Gute. Dann schenkte er ihm einen Füllfederhalter. In die Kappe war Friedrichs Name mit Goldbuchstaben eingeschnitten.

Auszug (aus Ägypten)
Befreiung
Dankfest
Erinnerung
Freude
Messias
Pharao
Prophet Elia
Psalmen
Sederabend
Unterdrückung
Volk Israel
Vorbereitung

Zur Erzählung:
Der neunjährige Dan aus Israel stellt im Überblick den Festablauf des Sederabends (Eröffnung des einwöchigen Pessachfestes) mit seinen Riten und dem geschichtlichen Hintergrund (Befreiung des Volkes aus der ägyptischen Knechtschaft, Exodus 12) vor. –

Pessach (griechisch Pascha, deutsch Passa) wird alljährlich im Frühling vom 15.-22. Nisan als großes Dankfest (manche nennen es eine ›alttestamentliche Eucharistiefeier‹) in aller Welt begangen. Zur Zeit Jesu – bis zum Jahr 70 – geschah das wegen des Schlachtens der Lämmer im Tempel ausschließlich in Jerusalem. Jesus starb am Vortag (abends Beginn mit dem Seder), dem 14. Nisan, um die neunte Stunde = drei Uhr nachmittags – präzise die Zeit des Schlachtens der Lämmer im Tempel.
Seder = ›Ordnung‹ (geordnete Festfolge des Sederabends).
Pessach = ›Vorübergehen‹ (am Auszugsabend ging der Strafengel Gottes an den Häusern der Israeliten vorüber).
Haggadah (nicht erwähnt, aber wichtig) = ›Erzählung‹ (Buch, in dem neben dem Ablauf des Sederabends die Auszugserzählung enthalten ist).

Dan aus Israel erzählt

Pessach

von Monika und Udo Tworuschka

Wenn ihr Ostern feiert, feiern wir *Pessach*. Acht Tage dauert dieses große Fest, und es beginnt mit dem *Sederabend.*
Schon Wochen vor dem Pessachfest geht es hoch her. In vielen Familien wird das ganze Haus auf den Kopf gestellt. Da wird geputzt und gefegt, damit nur ja alles blitzblank ist.

Zum Sederabend haben wir einen schönen Brauch: Die Kinder suchen nach den Brotkrumen, die ihre Eltern vorher im Haus versteckt haben. Wir zünden eine Kerze an, und dann geht die Suche durch das ganze Haus oder die Wohnung los. Wenn wir alle Brotstückchen gefunden haben, schieben wir sie mit einer Feder auf einen Holzlöffel, um sie am nächsten Morgen zusammen mit den Brotkrumen zu verbrennen.

Dieser Brauch hat etwas mit unserer Geschichte zu tun. Vor 3000 Jahren befand sich unser Volk in ägyptischer Sklaverei. Eines Tages verließen die Israeliten Hals über Kopf das Land, weil der Pharao – das war der ägyptische König – sie verfolgte. Da hatte niemand mehr Zeit, sich gründlich auf die Flucht vorzubereiten. So konnte man auch kein richtiges Sauerteigbrot mehr backen. Das brauchte ja Zeit. Deshalb darf sich zu Pessach in jüdischen Wohnungen und Häusern kein bißchen Sauerteig finden.

Der Sederabend ist jedes Jahr ein großes Ereignis. Vor allem für uns Kinder. Damit es ein richtiger Sederabend wird, sind folgende Dinge wichtig: Auf dem Tisch liegen drei Scheiben *Mazzen.* So heißt auf hebräisch das ungesäuerte Brot. Außerdem hartgekochte Eier, ein angebratener Lammknochen, bittere Kräuter, eine Schale mit einem bräunlichen Brei aus gehackten Nüssen, geriebenen Äpfeln, Rosinen, Feigen und Wein. Dann stehen da noch Petersilie und ein Gefäß mit Salzwasser.

Jede einzelne Speise hat ihre besondere Bedeutung. Alle erinnern sie an den Auszug aus Ägypten: Die drei Mazzen versinnbildlichen das Brot, das die Israeliten bei ihrer Flucht noch rasch backen konnten. Die Eier sollen auf das Erwachen der Natur im Frühling hindeuten und bedeuten also neues Leben. Sie können aber auch Zeichen der Trauer sein und Zeichen des Grabes. Der Lammknochen erinnert uns an das Lamm, das die Israeliten früher Gott opferten. Die bitter schmeckenden Kräuter sollen uns an den harten Sklavendienst in Ägypten denken lassen, und das bräunliche Gemisch in der Schale sieht genauso aus wie der Lehm, aus dem die Ziegelsteine hergestellt wurden, die damals für die Gebäude des Pharaos gebraucht wurden. Es ist nicht schwer zu erraten, was das Salzwasser bedeutet: Das sind die Tränen der Juden in der Zeit ihrer großen Unterdrückung.

Vor der Mahlzeit trinken die Erwachsenen, die angelehnt sitzen, ein Glas Wein. Dann tauchen wir die Kräuter in das Salzwasser und essen sie. Während der Mahlzeit wird von der mittleren Mazze ein kleines Stück, der »Afikoman«, abgebrochen und für den Schluß aufgehoben. Ein Kind versteckt ihn, und erst, wenn er gefunden ist, kann die Mahlzeit beendet werden.

Weil ich der jüngste Sohn bin, darf ich immer die »vier Fragen« stellen. Jedesmal bin ich vorher ganz schön nervös. Dies sind die vier Fragen:
Warum ist diese Nacht so ganz anders als die übrigen Nächte?
Warum essen wir bittere Kräuter?
Warum tauchen wir unser Essen zweimal ein?
Warum essen wir in angelehnter Weise?

Angelehnt sitzen durften damals nicht die Sklaven, sondern nur die freien und vornehmen Männer. Wenn wir das Sedermahl in dieser Haltung einnehmen, soll das unsere Freude über die Freiheit von den Ägyptern zeigen. Wenn ich alle vier Fragen gestellt habe, erzählt mein Vater die Geschichte vom Auszug aus Ägypten.

Dann trinken die Erwachsenen ein zweites Glas Wein. Nach der Segnung der Mazzen findet das festliche Essen statt. Bei uns gibt es immer Mazzenklößchensuppe und »Gefillte Fisch«. Das ist ein großer ausgehöhlter Fisch, der mit Fischmasse und allerlei leckeren Zutaten wieder gefüllt wird. Wir essen dieses Gericht kalt. Am Ende der Mahlzeit trinken die Erwachsenen ihr drittes Glas Wein. Dann werden Psalmen aus der Bibel gesprochen, und die Erwachsenen trinken ein viertes Glas Wein.

Ein Platz am Tisch bleibt immer frei. Und dort steht auch immer ein besonderes Glas Wein für den Propheten Elia, auf den wir warten und der den Messias ankündigt. Elia gibt sich aber nicht zu erkennen. Vielleicht kommt er als Asylsuchender oder Bettler zu uns. Die Haustür steht offen, damit er hereinkommen kann.

Viele schöne Lieder singen wir am Sederabend. Zum Schluß wünschen wir uns gegenseitig: »Nächstes Jahr in Jerusalem!« Dieser Spruch drückt die Sehnsucht aller Juden aus, einmal im Leben nach Jerusalem zu kommen.

Freiheit

Gebet

Geschenke

Gottesdienst

Jerusalem

Kampf

Lobpreis

Menorah-Licht

Sieg

Syrer

Widerstand

Zur Erzählung:
Geschildert wird die achttägige Chanukka-Feier in einer New Yorker Familie. Das Fest beginnt am Tag der Wintersonnenwende (meist im Dezember). Von diesem Tag an wird die Sonne immer ein wenig mehr, genauso wie die Lichter am Chanukka-Leuchter. Die meist erhöhte neunte Kerze, von der man das jeweils neue Licht nimmt, ist der ›Diener‹ (Schammes). Man ißt miteinander (oft Latkes = Kartoffelpuffer mit Apfelmus). Es wird gespielt, gesungen, gebetet.

Wegen des Monats Dezember und der Lichter sehen viele eine gewisse Nähe zum christlichen Weihnachtsfest. Eingebunden in die Erzählung ist die Legende zur Fest-Entstehung (das eigentliche Wunder überliefert der Talmud). Sie bezieht sich auf das Jahr 165 v.Chr., als der Seleukidenkönig Antiochos IV. die Juden mit Waffengewalt zur Ausübung des griechischen Götterkultes zwingen wollte. Die jüdische Gegenwehr hatte Erfolg. Der große Name in diesem Zusammenhang ist Judas Makkabäus. Der Tempel konnte wieder geweiht werden. Chanukka, das heißt ›Einweihung‹.

Chanukka

von Sydney Taylor

Heute gibt's Latkes zum Abendessen!« Henny lief das Wasser im Mund zusammen.
»Hmmmm! Hmmmm!« antwortete es im Chor.
Mama lächelte. »Kinder, ich glaube, alle essen gern Latkes. Es ist ein echtes Chanukka-Essen. Wer will die Kartoffeln reiben?«
»Ich! Ich!« schrien die Kleinen.
So ließ Mama Charlotte und Gertie abwechselnd Kartoffeln reiben. Als die Kleinen müde wurden, übernahmen Ella und Henny diese Arbeit. Sehr bald war die große Rührschüssel bis zum Rand mit dem rohen Kartoffelbrei gefüllt.
Dann rieb Sarah die Zwiebeln. »Ui, das beißt in den Augen!« beschwerte sie sich. Sie rieb sehr rasch, das Gesicht vor Eifer verzogen, und die Zwiebeltränen liefen ihr über die Wangen.
»Schaut her, wie die arme Sarah weinen muß! Sie ist traurig wegen der armen Zwiebeln!« sagte Henny.

Nun wanderten noch Eier in die Schüssel, Mazzotmehl, Salz und Pfeffer. Mama rührte und rührte. Inzwischen war das Öl in der Bratpfanne heiß geworden. Er brutzelte den Löffeln voll Brei entgegen, die Mama hineintat. Bald verbreite sich ein köstlicher Duft. Die Kinder umstanden den Herd und warteten auf eine Kostprobe von dem ersten fertigen heißen Kartoffelpfannkuchen. Oh, das schmeckte! Außen war er knusprig und knakkig, dieser Pfannkuchen, und innen würzig und flaumig. Er verschwand im Mund, rutschte in den Magen hinunter und rief nach mehr. Mama mußte achtgeben, daß noch Pfannkuchen für das Abendessen übrigblieben.
»Da ist Papa!«
»Ich komme gerade zur rechten Zeit, wie ich sehe«, sagte Papa und schnupperte.

Papa war sehr fröhlich. Er lachte und alberte mit den Kindern beim Abwaschen. Die ganze Familie war heute abend sehr vergnügt. Es war auch der Tag, vergnügt zu sein. Der erste Abend von Chanukka – des Festes der Lichter – war es, des fröhlichen Feiertages mitten im dunklen Dezember. Überall feiern die Juden das Chanukkafest mit Gesang und Spielen und geselligen Zusammenkünften, mit Geschenken und Geld.

Ella hatte den Chanukka-Leuchter aus Messing poliert, bis er glänzte, daß man sich darin spiegeln konnte. Er stand nun auf dem obersten Brett des Wandregals, seine acht kleinen Arme warteten auf die schlanken goldgelben Kerzen, die Papa extra für das Fest gekauft hatte. Etwas erhöht in der Mitte befand sich der »Schammes«, die neunte Kerze, die Kerze vom Dienst, sozusagen. An ihrer Flamme entzündete man alle anderen.

Die Kinder stellten sich um Papa. Mama hob Charlie auf einen Stuhl. Papa steckte eine Kerze in den ersten Kerzenhalter des Leuchters. Dann, den brennenden »Schammes« in der Hand, wandte er sich an Charlie. »Willst du die Kerze anzünden?«
Charlie hopste auf und ab. »Ja, ja! Charlie Kerze anzünden!« Seine kleine Hand griff nach dem »Schammes«. Papa führte Charlies Hand gegen den Docht der Kerze Nummer eins. Die flammte auf, hell und leuchtend, und warf ihren Schein auf Charlies Gesicht.
Papas Stimme erklang nun dunkel und ehrfurchtsvoll: »Gepriesen seist du, o Herr unser Gott, Beherrscher des Universums, der uns geboten hat, die Chanukka-Lichter zu entzünden.«

Über zweitausend Jahre zuvor hatte Antiochos, der König von Syrien, eine mächtige Armee nach Palästina gesandt, um die Juden zu zwingen, ihrer Religion zu entsagen. Es war verboten, Gottesdienste im Tempel von Jerusalem abzuhalten, und Gottes herrliches Haus wurde in einen griechischen Tempel umgewandelt. Die Juden, die sich der Unterwerfung widersetzten, wurden getötet.

Da erhob sich ein starker und mutiger Mann; er hieß Judas Makkabäus, das bedeutet der ›wie ein Hammer‹ zuschlägt. Und das tat Judas Makkabäus. Er rief sein Volk zum Kampf für die Freiheit auf. Drei Jahre lang wütete der Krieg, der letzte Sieg gehörte den Juden. Im Triumph kehrten sie in ihre Stadt Jerusalem zurück.
Als die Syrer den Tempel eroberten, hatten sie ihn durch das Opfer unreiner Tiere entweiht. Die Priester suchten nach geweihtem Öl, um das ewige Menorah-Licht zu entzünden. Alles, was sie finden konnten, war ein winziges Gefäß mit Öl, das Siegel darauf war noch unverletzt. Das Öl reichte für höchstens einen Tag.

Doch ein Wunder geschah. Am zweiten Tag konnten sie die zweite Flamme entzünden, am dritten Tag die dritte und so weiter bis zum achten Tag. So wenig Öl! Und doch: Der Leuchter brannte! Tag und Nacht! Nach acht Tagen war der Tempel neu geweiht. Und sie hatten Zeit gehabt, Oliven zu sammeln, zu pressen und frisches Öl zu bereiten.
Nun konnten wieder Gottesdienste im Tempel gehalten werden, mit Gesängen und Gebeten zu Gott. Kerzen leuchteten in den Wohnungen, und sogar die Straßen der Stadt waren erleuchtet. Acht Tage dauerten die Feierlichkeiten an. Und seither wird jedes Jahr die Kerzen-Zeremonie acht Tage lang wiederholt, jeden Abend wird eine Kerze mehr angezündet.

»Morgen halte ich den ›Schammes‹ und zünde die zweite Kerze an«, sagte Gertie.
»Sechs Kinder und Papa und Mama machen zusammen acht«, sagte Sarah. »Es geht genau auf!«
»Ja«, sagte Papa und nickte. »Jeder kommt einmal dran. Ella, sing etwas für uns!«

Und so sang Ella ›Fels der Zuflucht‹, und nach kurzer Zeit sang die ganze Familie mit:
Fels der Zuflucht, deine Macht
rette uns vor der Feinde Sturm.
Laß dich preisen! In Not und Nacht
warst du uns immer der schützende Turm.

Glaube und Leben bei den Muslimen

Allah
Armenabgabe
Barmherzigkeit
Fasten
Freitagsgebet
Gott
Islam
Koran
Mekka
Mohammed
Moschee
Muslim
Muslima
Opferfest
Pflichtgebet
Pilgerreise
Prophet
Ramadan
Reinheit
Ritual

Aishe aus der Türkei erzählt

Was heißt das, muslimisch zu sein?

von Georg Schwikart

Allahu akbar!«, das heißt: »Gott ist groß!« Der *Muezzin* in meiner Stadt ruft es fünfmal am Tag vom *Minarett.* Wenn sein Ruf ertönt, weiß ich: Es ist Zeit zum Beten. Alle, das heißt, meine Familie, meine Freunde, die Nachbarn und ich hören dann auf zu arbeiten und zu spielen. Ich kann überall beten, wo ich gerade bin und wo es mir gefällt, also in der Wohnung oder in der Schule – man kann sogar auf dem Flughafen und in der Wüste beten. Allerdings muß der Ort rein sein. So oft es geht, beten wir in unserem Gebetshaus, der *Moschee.* Achtung: Bevor wir hineingehen, müssen wir die Schuhe ausziehen und uns gründlich waschen! Diese Reinigung hat nicht nur etwas mit Sauberkeit zu tun. Das Waschen von Gesicht, Händen und Füßen ist ein Zeichen für die innere Haltung der Reinheit, ohne die wir nicht beten können.

Das tägliche Gebet ist eine Pflicht – aber die erfüllen wir gerne. Dieses Gebet folgt einem festen Ablauf. Es ist genau vorgeschrieben, was wir sagen und was wir tun sollen. Das Gebet beginnt immer mit dem Lobpreis »Gott ist groß!« Er soll uns ermahnen, tatsächlich alles für die Durchführung des *Rituals* zu unterbrechen: ein Buch zur Seite legen, das Telefongespräch beenden, notfalls das Essen verschieben.

Das Gebet ist für uns so wichtig, weil wir damit *Allah* ehren und ihm zeigen, daß wir alles für ihn tun. Übrigens ist »Allah« nur das arabische Wort für »Gott« und kein eigener Name. Genau wie die Juden und Christen glauben wir *Muslime* an den Einen und allmächtigen Gott. Er hat die Welt erschaffen und ist barmherzig zu allen Menschen. Er möchte, daß wir nach seinem Willen leben. Am Ende meines Lebens wird er prüfen, ob ich nach seinen Geboten gelebt habe.

Zu vielen Gelegenheiten bete ich mehrmals am Tag die »*Fatiha*«. Das ist ein Lob- und Bittgebet. Sie ist das erste Kapitel (die erste *Sure*) des *Koran* und heißt deswegen die »Eröffnerin«. Ihr erster Satz beginnt »Im Namen des barmherzigen und gnädigen Gottes«, und steht, bis auf eine Ausnahme, vor jedem Kapitel des Koran.

Im Namen des barmherzigen und gnädigen Gottes!
Lob sei Gott, dem Herrn der Welten,
dem Barmherzigen und Gnädigen,
der am Tag des Gerichts regiert!
Dir dienen wir,
und dich bitten wir um Hilfe.
Führe uns den geraden Weg,
den Weg derer,
denen du Gnade erwiesen hast,
nicht den Weg derer,
die deinem Zorn verfallen sind und irregehen.

Die Fatiha

Der Koran ist unser heiliges Buch. Nach unserem Glauben war der Koran bereits bei Gott, als noch nicht einmal die Erde erschaffen war. Damit der Inhalt des Koran an mich und alle anderen Gläubigen weitergegeben werden konnte, offenbarte Gott seine Weisungen in kleinen Abschnitten einem Mann aus dem Volk: *Mohammed aus Mekka.* Der wurde vor langer Zeit, im Jahr 570, im heutigen Saudi-Arabien geboren. Als er 40 Jahre alt war, machte Gott ihn zu seinem *Propheten*: Gott sprach zu ihm. Und Mohammed erzählte das seinen Freunden. Er selbst konnte vermutlich weder lesen noch schreiben. Alles, was Gott ihm gesagt hatte, wurde auswendig gelernt. Aufgeschrieben wurde der Koran erst, nachdem Mohammed schon gestorben war. Und weil er in Arabien lebte, sprach er natürlich arabisch. So wurde der Koran später auch auf arabisch aufgeschrieben. Alle Muslime auf der ganzen Welt müssen daher Arabisch lernen. Mir fällt das nicht gerade leicht: Diese Sprache hat sogar eine andere Schrift als Türkisch. Aber ich lerne jeden Tag eine halbe Stunde und kann schon ein paar Verse auswendig. Natürlich habe ich auch eine türkische Übersetzung, aber ich möchte ja den richtigen Koran verstehen können.

Mohammed erzählte damals die Weisungen den Bewohnern seiner Heimatstadt Mekka. Damit schuf er sich viele Feinde. Denn bis dahin glaubten die Leute dort an viele verschiedene Götter. Es gab sogar Götzenbilder aus Stein und Holz oder Metall. Und plötzlich sollte es nur noch den Einen unsichtbaren Gott geben? Ich kann mir vorstellen, daß es nicht leicht für Mohammed war, so ganz allein mit seinem Wissen über Allah dazustehen. Aber mit der Zeit gesellten sich immer mehr Leute zu ihm, die aufmerksam auf das hörten, was er zu sagen hatte.

Mohammed ist unser großes Vorbild. Er war der Prophet Gottes. Zwar wissen wir, Gott hat mehrere Propheten zu den Menschen geschickt. *Moses* zum Beispiel und auch *Jesus*. Aber Mohammed war der letzte Prophet, deswegen nennen die Muslime ihn auch »das Siegel der Propheten«.
Mein Onkel Mustafa lebt bei euch in Deutschland. Dort gibt es ja auch mehr als zwei Millionen Muslime! Er erzählt, die Christen würden uns manchmal »Mohammedaner« nennen. Was für ein komisches Wort! Und es stimmt gar nicht. Christen glauben an Jesus Christus. Aber wir geben uns doch nicht dem Propheten hin, sondern allein Allah. Wir heißen Muslime – das sind die, die sich Gott hingeben.

Das kürzeste und wichtigste Zeugnis unseres Glaubens ist die *Shahada*: »Ich bezeuge, es gibt keine Gottheit außer Gott, und Mohammed ist sein Diener und Gesandter.« Diesen Satz hat mir mein Vater gleich nach meiner Geburt ins Ohr geflüstert. Er begleitet mich durch mein ganzes Leben. Ich spreche ihn jeden Tag. Er wurde gesprochen, als meine Brüder mit sieben Jahren *beschnitten* wurden. Die Shahada beten wir auch bei einer Hochzeit. Zu ganz vielen Gelegenheiten spreche ich sie selbst, und bevor ich einst sterbe, wird sie mir noch einmal vorgesprochen.

Mein Glaube an Gott wird von *fünf Säulen* getragen. Gott selbst hat dem Propheten gesagt, was für uns wichtig ist:
Die erste Säule ist die *Shahada*, von der ich gerade gesprochen habe. Die zweite ist das rituelle *Pflichtgebet*, das wir fünfmal am Tag verrichten.
Die dritte Säule ist das Fasten im *Ramadan*. »Ramadan«, so heißt ein Monat unseres Kalenders. Wir fasten dann von Morgengrauen bis Sonnenuntergang. Wir dürfen nichts essen und nichts trinken, solange die Sonne scheint.

Wer von euch im Monat Ramadan anwesend ist, der soll in ihm fasten. Und wer krank ist oder sich auf einer Reise befindet, für den gilt eine Anzahl anderer Tage. Gott will für euch Erleichterung. Er will für euch nicht Erschwernis. Er will, daß ihr die Zahl der Tage vollendet und Gott dafür hochpreiset. Und eßt und trinkt, bis ihr in der Morgendämmerung den weißen Faden vom schwarzen Faden unterscheiden könnt. Und danach vollzieht das Fasten bis zur Nacht.

Aus der 2. Sure des Koran

Na ja, ich muß das noch nicht unbedingt so streng einhalten, weil ich noch ein Kind bin. Aber zumindest lasse ich manche Schleckereien zwischendurch aus.
Die vierte Säule ist die *Abgabe für die Armen*. Meine Eltern spenden den armen Leuten Geld, und ich gebe auch ein bißchen von meinem Taschengeld ab. Und vielleicht reisen wir alle zusammen einmal zur heiligen Stadt Mekka in Saudi-Arabien. Dort möchte ich beten, in der Stadt, in der der Prophet früher lebte. Dieses Erlebnis würde ich ganz bestimmt niemals vergessen.

Eine solche *Pilgerreise* nach Mekka ist die fünfte Säule: Wer es sich erlauben kann, soll unbedingt hinfahren. Wer aber zu arm ist oder wegen Krankheit nicht fahren kann, ist von dieser Pflicht befreit. Wenn ich auch wohl so bald nicht dorthin komme, so spreche ich doch die Gebete in Richtung Mekka. Zum Beispiel freitags. Dann geht meine Familie gemeinsam zum *Mittagsgebet* in die *Moschee*. Aber vormittags muß ich noch zur Schule. Auch die Geschäfte haben geöffnet. In der Türkei ist sonntags alles geschlossen, wie bei euch in Deutschland auch.

Außerdem haben wir noch ein paar schöne Feste im Jahr. Es gibt zwei Höhepunkte: das *Zuckerfest* und das *Opferfest*. Das Zuckerfest feiern wir am Ende des Ramadan, wenn man nach dem Fastenmonat wieder bei Tageslicht essen und trinken darf. Nachdem wir morgens in die Moschee gegangen sind, gibt es zu Hause ein tolles Essen, für das meine Mutter tagelang gekocht hat. Wir schenken uns gegenseitig süße Mandeln oder gezuckerte Früchte, und die Familien besuchen einander.

Das andere Fest, das Opferfest, soll uns an die wundersame Errettung *Ismaels* erinnern. Gott wollte *Ibrahim* auf die Probe stellen, um seinen Gehorsam zu prüfen. Ibrahim sollte seinen Sohn Ismael als Opfergabe töten. Ibrahim bekam diesen Auftrag während der Nacht im Traum. Er sagte das seinem Sohn. Ismael antwortete

Schiiten

Schöpfung

Shahada

Sunniten

Vorbild

Zuckerfest

seinem Vater: »Mein Vater, tue das, was du tun mußt. Ich werde, so Gott will, geduldig sein.« Aber im letzten Augenblick hielt Gott Ibrahim zurück, der Ismael schon töten wollte. Gott erkannte die Demut Ibrahims; statt des Jungen schlachtete Ibrahim dann einen Widder. Deshalb schlachten auch wir zu diesem Anlaß einen Widder. Bei uns tun sich immer die Nachbarn zusammen, und dann teilen wir uns ein ganzes Tier. Am diesjährigen Festtag findet also wieder ein großes Familientreffen mit reichlich gutem Essen statt.
Die großen Feste feiern *Muslime* gemeinsam in der ganzen Welt. Der *Islam* ist ja an kein Land gebunden. Mein Onkel in Deutschland hat wohl erzählt, daß man dort den Glauben etwas anders lebt als hier in der Türkei. Im Islam gibt es auch verschiedene Gruppen: *Sunniten* und *Schiiten.* Sie unterscheiden sich in der Frage, wer nach Mohammeds Tod sein Nachfolger geworden ist. Und natürlich sind bei uns manche eifriger als andere; also, ich gebe mir mehr Mühe beim Arabischlernen als mein Bruder Ali!
Egal, wir gehören alle zur »umma«, zur großen Gemeinschaft aller Muslime. Ich bemühe mich, eine treue Muslima zu sein, an der Gott seine Freude hat.

O ihr Gläubigen, glaubet an Allah und Seinen Gesandten und an das Buch, das Er Seinem Gesandten offenbart hat. Und wer nicht an Allah und Seine Engel und Sein Buch und Seinen Gesandten und an den Jüngsten Tag glaubt, der ist wahrlich weit irregegangen.

Sure 4,136

Ekstase

Gebete

Hadsch (Pilgerfahrt)

Heiligtum

Kaaba

Mekka

Paradies

Schwarzer Stein

Versöhnung

Zuflucht

Zur Erzählung:
Ein Ungar, der zum muslimischen Glauben übergetreten ist, nimmt an der Wallfahrt nach Mekka (Hadsch) teil. Die Erzählung gibt die Ekstase, in die viele Muslime beim Umschreiten der Kaaba und beim Küssen des heiligen schwarzen Steines geraten, eindringlich wieder. Die Pilgerfahrt schließt mit dem größten Fest der Muslime, dem Opferfest (arabisch Id al Adha), ab. Zu erwähnen ist, daß Familien, die allein einen Widder schlachten, in der Regel den größten Teil des Fleisches verschenken. Im Morgengrauen des ersten Tages halten die Muslime in allen Ländern zur selben Zeit ihr Festgebet in der Moschee, mancherorts auch zusammen mit den Frauen, die sonst zuhause beten. Nach dem Gebet gibt es daheim eine Gratulation. ›Friede, Gesundheit, ein frohes Fest‹ wünscht man sich. Kinder küssen die Hände ihrer Eltern. Sie erhalten Geschenke. Und ein schönes Essen mit Lammfleisch und Süßigkeiten ist vorbereitet. Vier Tage dauert das Opferfest. Während dieser Zeit besucht man Nachbarn und Freunde. Kein Streit darf mehr sein. Man versöhnt sich. Alle Schulen, Geschäfte und Behörden sind während der festlichen Tage geschlossen.

Wallfahrt nach Mekka – die Kaaba

von Udo Kelch (Textfassung D. Steinwede)

Ich darf Mekka sehen, ich, ein Europäer, Mekka, die heiligste Stadt der Muslime, die sie mit aller Strenge vor jedem Fremden bewachen. Ich bin zum Glauben der Muslime übergetreten. Ich bin auf einer Pilgerfahrt. Die Stadt ist übervoll von Pilgern. Sie liegen auf den Straßen. Hunde drängen sich schnüffelnd herum. »Dies ist nicht die Stadt des Reichtums, sondern die Stadt der Gottesverehrung«, sagt mein Begleiter. Durch die winkligen Gassen suchen wir den Weg zum Heiligtum.

Der Tag lichtet sich schon, als wir die Säulenhalle, die die Kaaba umgibt, erreichen. Vor dem Tor drängen sich Hunderte, ja Tausende von Pilgern. Wir streifen die Sandalen ab und legen sie auf die dafür vorgesehenen Holzständer. Wir gehen durch die Säulenhalle – barfuß. Wir erreichen den Hof des Heiligtums. Ich sehe die Kaaba, diesen mächtigen Würfel. Düster ragt er auf in der Mitte des riesigen Hofes, bedeckt mit einem schwarzen Tuch. Ringsumher wogt das Volk: Männer, Frauen, Kinder.

Ich weiß: jetzt muß ich rufen: »Allahu akbar« – »Gott ist groß«. Ich rufe es. Ich bete es:

Allah, ich suche Zuflucht in deinem Hause,
Zuflucht vor dem Elend,
Zuflucht vor dem Tod,
Zuflucht vor der Habgier des Herzens.
Allah, segne Mohammed,
segne sein Haus und seine Gemeinde.
Segne mich, den Pilger.

Ein unbeschreibliches Gefühl ergreift mich. Ich darf das Heiligtum sehen, ich, ein Ungar. Ich sehe die Pilger im Heiligtum, wie sie sich drehen, wie sie beten, schreien, jammern, weinen.
Mein Führer spricht die heiligen Gebete. Ich muß den Umgang beginnen. Mein Körper beginnt zu zittern. Die Ekstase der Menge geht über auf mich. Alles dreht sich um die Kaaba, Javaner bahnen sich den Weg, Tataren aus Mittelasien, Chinesen mit ihren Mandelaugen, langbärtige, kriegerische Afghanen, sanfte, träumerische Inder. Alle sind Muslime.
Alle wollen zum Schwarzen Stein. Alle wollen die Hand zum Himmel erheben: »Allah ist groß und sein ist das Lob!«
Aber erst muß ich die Kaaba umgehen. Siebenmal! Dreimal leicht laufen, dann viermal im Schritt.

Ich fühle keinen Schmerz mehr. Ich muß ihn erreichen, den Schwarzen Stein. Entsetzlich ist das Gedränge. Sie stoßen sich von vorn, von hinten, von der Seite. Jeder will den Kuß, die Berührung des Steines und damit – einen guten Platz im Paradies.
Mein Führer stößt mit Händen und Füßen. Er arbeitet sich mit den Ellbogen voran. Er brüllt. Da sehe ich den Stein, seine glatte, glasartige Oberfläche. Ich werde herangestoßen. Ich drücke meinen Mund darauf.
Oh, dieser Schwarze Stein!

Schon werde ich wieder fortgerissen. Andere drängen heran. Meine Kräfte sind erschöpft. Die Sonne ist aufgestiegen. Glühend steht sie am Himmel. Kaum, daß ich mich durch den Hof des Heiligtums dahinschleppen kann. Da springen mir einige Kinder entgegen. Sie geben mir Wasser zu trinken, Wasser aus einer flachen Zinnkanne, Wasser aus der heiligen Quelle Zem-Zem.

Glaube und Leben bei den Hindus

Asketen
Brahma
Dharma
Divali
Erlösung
Gott
Götter
Heilige Kuh
Holi-Fest
Karma
Kaste
Kreislauf
Krishna
Lakshmi
Lichterfest
Mantra
Meditation
Ordnung
Reinigung
Schöpfer

Ritoo aus Indien erzählt

Was heißt das, ein Hindu zu sein?

von Georg Schwikart

Ich lebe in Indien. Das ist ein sehr großes Land. Es gibt hier Meere und Berge, fruchtbare Täler und weite Ebenen. Sogar verschiedene Sprachen sprechen die Menschen in meinem Land. Fast 800 Millionen Menschen leben in Indien. 700 Millionen davon sind *Hindus*. Sie leben in riesigen Städten wie Delhi, Bombay oder Calcutta – oder in den ungezählten kleinen Dörfern. Auch ich lebe in einem Dorf, weil meine Eltern Bauern sind.
»Hindu« – das ist ein persisches Wort und heißt eigentlich übersetzt nur: ein Inder – und Inder heißen wir, weil durch unser Land ein großer Fluß fließt, der »Indus«.

Manche sagen, der Hinduismus sei nicht eine, sondern viele Religionen, weil in Indien so viele religiöse Wege möglich sind. Na, und wir glauben, daß jeder selbst seinen Weg finden muß. Unsere Religion ist das *»Sanatana dharma«*. Das zu übersetzen ist nicht leicht: vielleicht mit »ewige Ordnung« oder »ewige Lehre«. Wir glauben, daß *»Dharma«* immer schon da war. Es regelt den Lauf der Welt. Das »Dharma« ist ein Weg zu leben.

Wir Hindus sind wirklich ganz unterschiedlich. Die meisten glauben an viele verschiedene Götter. Viele glauben, es gibt nur einen Gott. Andere glauben, es gibt mehrere Götter, aber einer von ihnen steht am höchsten. Manche essen aus Ehrfurcht vor dem Leben der Tiere kein Fleisch, sie sind Vegetarier. Andere opfern Tiere im Tempel und grillen mit Vergnügen am Fluß ein Stück Fleisch. Aber uns alle verbindet die heilige Silbe *»om«*. Jeden Morgen summe ich sie. Sie ist ein *Mantra* – ein kurzes Wort, das man ganz oft wiederholen kann. Langsam wird das Mantra aus den Buchstaben a, u und m gebildet: a-u-m. Das macht jeder Hindu jeden Tag, wenn er an Gott *Shiva* glaubt. Ein Bild des gemalten Mantras hängt in unserer Wohnung. Meine Mutter hat einen Anhänger damit um ihren Hals hängen. Und am Mofa meines Vaters klebt es am Lenker. In dieser heiligen Silbe steckt unser ganzes Leben: Die Zeichen unserer Schrift für die Begriffe Geburt, Leben und Tod sind darin enthalten.

Mit dem Mantra »om« beginnt mein Tag. Mit meinen Eltern und meinen Geschwistern sitze ich auf dem Fußboden, die Beine überkreuz. Wir halten die Morgenandacht, die *Puja*. Wir summen dabei die heilige Silbe. Dann sprechen wir den Namen des Gottes *Krishna* aus. Dabei schauen wir auf unsere Nasenspitze und wenden uns der aufgehenden Sonne zu.

Wir zitieren Verse aus dem heiligen Buch, dem *Rig Veda*. Das ist ein Teil unserer heiligen Schriften, die *Veden* genannt werden und schon älter als 3000 Jahre sind! Wir trinken einen Schluck Wasser und wiederholen den Namen Krishnas. Meine Mutter spritzt etwas Wasser um uns herum. Gott ist in uns. Zum Zeichen dafür berührt jeder sechs Stellen seines Körpers mit Wasser.

Möge Frieden sein im Himmel,
möge Frieden sein am Firmament,
möge Frieden sein auf der Erde,
möge Frieden sein in den Wassern,
möge Frieden sein in den Pflanzen,
möge Frieden sein in den Bäumen,
mögen wir Frieden finden
in den göttlichen Kräften,
mögen wir Frieden finden
im obersten Herrn,
mögen wir alle Frieden finden,
und möge dieser Friede meiner sein:
Friede, Friede, Friede!

Aus dem Buch der Veden

Ein paar Verse lesen wir noch, aus einer anderen heiligen Schrift, der *Bhagavadgita*, bis wir unser Morgengebet mit einer Verbeugung beenden. Die Bhagavadgita ist der »Gesang des Herrn« unseres Gottes Krishna.
Unsere Götter zeigen uns den Lauf des Lebens: Brahma, Vishnu und Shiva. *Brahma* ist der Schöpfer, der Atem der Welt. Brahma hat alles gemacht. Brahma ist der Absolute und für Menschen so unvorstellbar groß, daß Brahma gar nicht angebetet werden kann.

Glaube und Leben bei den Hindus

Du bist der erste aller Götter,
du bist seit uralten Zeiten,
du bist die höchste Zuflucht im Universum,
du bist der Allwissende und der,
den wir kennen müssen,
du bist das oberste Ziel,
das Universum ist durchdrungen von dir!

Aus der Bhagavadgita

Vishnu ist der Erhalter. Er bestimmt, wie es uns in unserem Leben geht. Schließlich *Shiva*: Er ist der Zerstörer. Das ist gar nicht nur schlimm, denn vieles muß ja vergehen, zerstört werden, damit Neues entstehen kann. Der Gott Vishnu ist neunmal aus seinem Himmel zu den Menschen herabgestiegen. Einmal als Fisch, einmal als Schildkröte, Eber oder Zwerg. Beim achten Mal kam er als Gott Krishna, der in Indien von vielen Menschen geliebt und verehrt wird. Auch von meiner Familie! Wenn er zum zehnten Mal kommt, wird ein neues Zeitalter anbrechen. Darauf warten wir noch. Niemand kann sagen, wann es soweit ist.

Es kann mir auch keiner sagen, wie es mit meinem Leben weitergeht, wenn ich sterbe. Ich weiß aber: Nach meinem Tod werde ich wiedergeboren. Etwas von mir lebt weiter, auch wenn ich sterbe. Das ist das *»samsara«*. Jeder Mensch muß so häufig wiedergeboren werden, bis er *»Moksha«* erreicht hat – die Erlösung aus dem Kreislauf der Wiedergeburten. Um dahin zu kommen, bemühe ich mich um ein gutes *»Karma«*. Wenn ich Schlechtes tue, bereite ich mir schlechtes Karma. Wenn ich aber etwas Schönes und Gutes mache, erwerbe ich gutes Karma. Das kann ich zum Beispiel erlangen, wenn ich *meditiere* oder meine *Yogaübungen* mache. Bei Meditation und Yoga muß man ganz still sein, in bestimmten Positionen sitzen und die Gedanken loslassen. Dann kann man mit dem Dharma eins werden. Manche Menschen in Indien bemühen sich, nichts anderes zu machen. Das sind die *Asketen*. Sie dürfen sich nicht berauschen und nicht heiraten. Die Asketen leben ganz schlicht und arm. Auch mir kann der Verzicht helfen, ein gutes Karma zu schaffen.

Dazu gehört auch, daß ich mein *»Varna«* akzeptiere. Varna ist die Gruppe, zu der ich gehöre. Man kann dazu auch *»Kaste«* sagen. Ich gehöre zur Kaste der Bauern, weil meine Eltern ja Bauern sind.
Außerdem gibt es noch die Händler, die Krieger und die Priester. Früher war genau geregelt, wie die Anhänger der vier Kasten miteinander umzugehen hatten. Man durfte auch nur innerhalb einer Kaste heiraten. Viele Menschen gehören keiner dieser Gruppen an. Sie sind *»die Unberührbaren«*. Noch vor ein paar Jahrzehnten hatten diese armen Leute keine Rechte. Aber im modernen Indien sind sie gleichberechtigt. *Mahatma Gandhi* hat die Unberührbaren »Kinder Gottes« genannt.
Ich freue mich immer, wenn ich mit meiner Familie in die große Stadt fahre: nach Amravati. Dort gibt es viel zu sehen. Wir gehen in den Tempel und zünden Räucherstäbchen vor dem Bild Krishnas an. Wir bringen auch Blumen und Früchte mit. Und auf den Straßen müssen die Autos anhalten, wenn gerade eine *Kuh* herumspaziert. Die Kühe gelten uns als heilig, denn sie sind ein Zeichen des Lebens. Sie dürfen machen, was sie wollen. Wir kämen nie auf die Idee, eine Kuh zu schlachten!

Auf dem Weg zur Stadt überqueren wir einen kleinen Fluß. Dann träume ich immer von der Reise zu einem großen Fluß: zum *Ganges*. In ihm zu baden, ist eine heilige Handlung. Solch ein Bad reinigt uns von aller Schuld. Wenn ich erwachsen bin, möchte ich einmal dorthin fahren. Jeden Tag baden Millionen Hindus in dem Fluß! Für einen Hindu ist die Stadt *Benares* am Ganges der wahre Ort, um dort zu sterben.

Wenn wir das nächste Mal nach Amravati fahren, kaufen wir Geschenke für *Divali* ein. Das ist ein großes Fest im Oktober. Es ist wunderschön: Wir schmücken unser Haus dann mit vielen Öllämpchen. Auch die Tempel und Götterstatuen sind mit Lämpchen geschmückt. Deswegen heißt das Fest auch »Lichterfest«. *Lakshmi*, das ist die Frau Vishnus, besucht jedes erleuchtete Haus. Sie ist eine Glücksgöttin. Wir beschenken uns gegenseitig und essen leckere Sachen. Zwei Tage lang feiern wir Divali. Ich habe schulfrei! Und jeden Abend ist ein Feuerwerk.
Auch das *Holi-Fest* ist toll. Es ist im Frühling. Wochen vorher schon wird Holz gesammelt und aufgestapelt. Am Festtag wird es genau um 4 Uhr morgens angezündet. Wir tanzen um das Feuer herum. Wir haben keine Schule und singen unserem Lieblingsgott Krishna Lieder. Die Haut und die Kleider färben wir mit buntem Puder. Am meisten macht Spaß, sich gegenseitig mit dem Puder bunt zu machen. Dann ist es uns egal, daß wir uns ja irgendwann mal wieder waschen müssen ...

Shiva

Tod

Unberührbare

Veden

Vishnu

Weg (des Lebens)

Wiedergeburt

Yoga

Glaube und Leben bei den Buddhisten

Alter

Armut

Askese

Begierde

Besitzstreben

Bettelmönch

Buddha

Erkenntnis

Erleuchtung

Erlösung

Frieden (mit sich selbst)

Kloster

Krankheit

Kreislauf

Leid

Leidenschaft

Meditation

Mitleid

Nirwana

Rad der Lehre

Wie die buddhistische Lehre entstand

von Dietrich Steinwede

Die Buddhisten nennen ihn Buddha, der ein Prinz war im Norden von Indien, ein Hindu vor über 2500 Jahren. Im Jahr 560 v.Chr. wurde er geboren als Sohn eines Königs. Sein Name: Siddharta Gautama. Seine Mutter Maya war bald nach seiner Geburt gestorben. Aus ihrer Seite sei der Sohn hervorgegangen, erzählte man später. Und ein kleiner weißer Elefant sei vorher in ihre Seite eingedrungen.

Prinz Siddharta lebte in Reichtum und Freuden. Mit 16 Jahren heiratete er die wunderschöne Prinzessin Yashodara. Sie bekamen einen Sohn: Rahula.

Prinz Siddharta übte sich in Sprachen, in der Musik, im Umgang mit Waffen, bis er eines Tages in Begleitung seines treuen Dieners den Palast verließ, um in die Stadt zu fahren.

Da bemerkte er auf der Straße einen alten Mann. Dessen Gesicht war von Falten zerrissen. Mühsam ging er, auf einen Stock gestützt, ganz gebückt.
»Wer ist dieser Mann?« fragte der Prinz seinen Diener.
»Warum geht er so gebückt, so schwankend? Warum ist sein Haar so weiß?« Er hatte dergleichen nie gesehen. Sein Vater hatte dafür gesorgt, daß er immer in dem großen Palast lebte.

»An ihm siehst du das Alter, wie es den Menschen verzehrt«, sagte der Diener. »Dieser hier hat keine Kraft mehr. Sein Leben geht zu Ende!«
»Werde ich eines Tages auch so sein?« fragte der Prinz.
»Ja, Herr. Vor dem Alter kann uns nichts bewahren!«
Das Herz des Prinzen füllte sich mit Trauer. Er wollte zurück in den Palast.

Nach einiger Zeit fuhren sie wieder aus. Im Park sah der Prinz einen Mann, der um Atem ringen mußte. Sein kraftloser, abgezehrter Körper zitterte.
»Wer ist dieser Mann? Warum fließen ihm die Tränen aus den Augen? Warum ist sein Gesicht so entstellt?«
»Herr, es ist ein Kranker. Niemals wird er wieder gesund!«
»Kann mich solch ein Schicksal auch treffen?«
»Ja, Herr!«
Voller Kummer kehrte der Prinz zum Palast zurück.

Und wieder fuhren sie aus. Sie verließen die Stadt. Da sahen sie einen Leichenzug. Der Tote lag auf einer Bahre. Weinend beklagten ihn seine Angehörigen.
»Wer ist dieser Mann mit dem Gesicht wie Wachs und den fest geschlossenen Augen?«
»Ein Toter, Herr. Sein Geist hat seinen Körper verlassen. Die Verwandten werden ihn verbrennen.«
»Wird es mir einstmals auch so ergehen?«
»Ja, Herr. Niemand kennt die Stunde seines Todes!«

Als sie zum Palast zurückfuhren, erblickte Siddharta einen Mann mit geschorenem Kopf in einem safrangelben Gewand. Er hielt eine Schale zum Betteln in den Händen. Heiterkeit und Frieden lagen über ihm.
»Wer ist das?« fragte Siddharta. »Er ist so freundlich und gelassen.«
»Das ist ein Bettelmönch, Herr. Alles hat er aufgegeben, seinen Besitz, sein Zuhause. Er ist voller Mitgefühl für Mensch und Tier. Er sucht die Wahrheit, den Sinn des Lebens.«

Siddharta kehrte in den Palast zurück. Plötzlich war ihm all die Pracht zuwider. Immer wieder mußte er an den Bettelmönch denken, an den Toten, den Kranken, den Alten. Dieses schreckliche Leid. Es ließ ihn nicht mehr los.

Und da verließ er den Palast. Heimlich. Bei Nacht. Mit 30 Jahren. Auf der Suche nach der Erlösung von all dem Leid. Auf der Suche nach Erlösung von dem ewigen Kreislauf Geburt – Leben – Tod – Wiedergeburt.
Und er begann wie ein Asket zu leben. Er aß und trank fast nichts. Ruhelos wanderte er. Fünf Jünger begleiteten ihn. Sieben Jahre ging das so. Fast wäre er gestorben. Erlösung fand er nicht.
Da aß und trank er wieder. Enttäuscht verließen ihn die Jünger.

Einsam setzte sich der Bettler Siddharta unter einen Feigenbaum bei Budd-Gaya, südlich von Batna. Meditierend begann er sich zu versenken, wartend auf die Erleuchtung. 49 Tage lang. Das Nirwana suchte er, den ewigen seligen Zustand, wo alles Sein ausgelöscht ist, alle Qual der ewigen Wiedergeburt.

Mara aber, der Herr der Finsternis, schickte ihm böse Dämonen. Sie griffen nach ihm – doch da waren sie verwandelt in Blumen. Da schickte Mara seine drei Töchter ›Begierde‹, ›Vergnügen‹ und ›Leidenschaft‹. Sie tanzten vor ihm. Aber als Siddharta sie ansah, waren sie plötzlich häßliche alte Frauen.

Und Siddharta saß und meditierte. Die fünfzigste Nacht hindurch.
Als aber der Tag heraufkam, die strahlende Sonne, da erwachte er ganz aus den Tiefen zu einer neuen, zur höchsten Erkenntnis. Da wußte er, was wahr ist: Wer Begierde, Vergnügen und Leidenschaft überwindet, der kennt keine Leiden mehr, der hat die endlose Kette der Wiedergeburten durchbrochen, der geht ein ins ewige Glück, ins Nirwana.
Wie eine Erleuchtung war diese Erkenntnis über ihn gekommen.
Er war jetzt der Buddha, der Erleuchtete.

Noch sieben Tage blieb er unter dem Feigenbaum, dem Bodhibaum, in tiefer Meditation. Vier Wahrheiten hatte er gefunden:
- Alles Leben ist Leiden.
- Alles Leid kommt aus der Lebensgier.
- Wer der Lebensgier entsagt, kann das Leiden überwinden.
- Es gibt einen Weg aus dem Kreislauf der Wiedergeburten.

Und er schwor sich: Ich muß die Menschen neue Wege lehren, Wege des Denkens und Wege des Handelns, damit sie ihr Besitzstreben überwinden und zum Frieden kommen mit sich selbst.
Und er setzte das Rad der Lehre in Bewegung. Er lehrte die Menschen, ihre selbstsüchtigen Wünsche zu überwinden, den achtfachen Pfad der Lehre zu betreten: rechten Glauben, rechtes Entschließen, rechtes Wort, rechte Tat, rechtes Leben, rechtes Streben, rechtes Gedenken, rechtes Sichversenken.
Und Buddha predigte. Zum erstenmal in Benares, der heiligen Stadt am Ganges. Und seine fünf Jünger kehrten zu ihm zurück. Und auch sein Sohn Rahula kam zu ihm. Und der Buddha wanderte, predigte und lebte von dem, was man ihm gab. 45 Jahre lang. Und die Menschen kamen zu ihm aus allen Kasten. Und sie wurden Mönche und lebten in Klöstern. Mehr und immer mehr. Nur die Priester der Brahmanenkaste feindeten ihn an. Dann starb der Buddha. Er wurde verbrannt. Seine Asche wurde an viele verteilt. Viele Fürsten bewahrten sie auf in Stupas, in heiligen Türmen.

Fünf Lebensregeln galten jetzt.
Man darf
- kein lebendes Wesen weder töten noch verletzen,
- nichts nehmen, was nicht gegeben ist,
- mit keiner Frau die Ehe brechen,
- nichts reden, was unwahr ist,
- weder Alkohol noch Drogen zu sich nehmen.

Buddhisten, etwa 300 Millionen, leben heute in China, in Tibet, in der Mongolei, in Japan, in Burma, Thailand, Vietnam und in Sri Lanka. In manchen buddhistischen Ländern können schon Kinder für eine bestimmte Zeit ins Kloster gehen.

Es gibt heute zwei Richtungen im Buddhismus, das ›Kleine Fahrzeug‹ und das ›Große Fahrzeug‹. Die Buddhisten des kleinen Fahrzeugs legen die Lehren Buddhas sehr streng aus. Meist sind es Mönche und Nonnen. Beim großen Fahrzeug können alle zur Erleuchtung kommen, die die buddhistischen Grundregeln guten Verhaltens üben.

Es gibt unzählige Statuen des Buddha. Aber er ist kein Gott. Dennoch: Viele Gläubige bringen vor diesen Statuen Opfer dar, Blumen und Obst. Sie zünden Weihrauchstäbchen an.
Den Bettelmönchen gibt man Gaben. Man tut es gern. Daß man das darf, dafür bedankt man sich. Die Buddhisten lieben alle Menschen. Sie wollen niemanden mit Gewalt bekehren. Sie sagen: Man muß Mitleid haben mit den Menschen. Man muß ihnen helfen.
Die Buddhisten wollen der Welt den Frieden bringen.

Sein

Stupa

Tod

Totenverbrennung

Trauer

Wahrheiten

Wiedergeburt

Glück

Lebensweg als Pilgerweg

Leiden

Rad des Lebens

Verwandlung

Wiedergeburt

Zur Erzählung:
Der Glaube an die Wiedergeburt (zum Schlechteren/zum Besseren) ist den Hindus wie den Buddhisten (Buddha war als Hindu geboren) gleicherweise eigen. In seinem kleinen Tiermärchen schildert Manfred Kyber meisterhaft die Wiedergeburt eines in diesem Leben hart geplagten Käfers in ein neues, beschwerdefreies, glückliches Käferdasein. In allen Lebewesen wohnt Göttliches, sagen Hindus und Buddhisten. Darum gebührt ihnen Fürsorge und Verehrung. Symbol des Schutzes für die Kreatur Gottes ist den Hindus die Kuh. Sie steht beispielhaft für die ganze nichtmenschliche Schöpfung. »Die Kuh ist das Geschenk des Hinduismus an die Welt«, sagt Mahatma Gandhi.

Das Rad des Lebens

von Manfred Kyber

Ein kleiner Käfer krabbelte mühsam auf steinigem Weg. Es waren viele Hindernisse auf seiner Straße. Strohhalme und sonstige schwer zu bewältigende Gegenstände. Es war recht anstrengend. Fliegen konnte er nicht. Er war ein Krabbelkäfer. Zudem war sein linkes Hinterbein verkümmert – schon von Geburt an. Er schleppte es nach. Er war ein trauriger Fall. Aber er pilgerte tapfer weiter. Käfer gehen nicht und wandern nicht. Sie pilgern. Das ist ein großer Unterschied.
»Gehen Sie doch aus dem Wege!« schrie eine Hummel den Pilger an und brummte böse.
»Strolcht so was auf der Straße herum und stört achtbare Damen, die sich auf den Blumenmarkt begeben!«
»Entschuldigen Sie«, sagte der Pilger mit dem schleppenden Hinterbein, »ich muß pilgern, ich bin ein Krüppel.« Er wies mit dem Fühlhorn auf das verkümmerte Glied.
»So, so«, sagte die Hummel mitleidig, »dann ist es etwas anderes. Das habe ich nicht gesehen. Ich war so eilig. Wenn man heutzutage nicht sehr zeitig an die Blumen kommt, ist alles vergriffen. Die Konkurrenz ist zu groß. Aber warum müssen Sie denn pilgern? Wäre es mit Ihrem Bein nicht besser, zu Hause zu bleiben? Sie müßten heiraten. Dann haben Sie wenigstens Ihre regelmäßigen Mahlzeiten.«
»Nein, ich muß pilgern«, sagte der Pilger mit dem schleppenden Hinterbein. »Ein alter Käfer, den ich meines Leidens wegen befragte, sagte mir das. Er sagte, ich müsse das Rad des Lebens suchen. Das ist ein sehr alter Glaube und ein großer Trost für arme Krabbelkäfer.«
»Und was hat man davon?« fragte die Hummel. »Es ist doch gewiß viel vernünftiger, rechtzeitig auf den Markt zu kommen.«
Der kleine Käfer zog das verkrüppelte Bein mit einer zuckenden Bewegung an den Körper, so daß es nicht mehr zu sehen war. »Man kann ein Rosenkäfer werden«, sagte er geheimnisvoll.
»Ist das ein lohnender Beruf?« fragte die Hummel. Sie war eine überaus praktische Hausfrau. Ihre Honigtöpfe waren unübertroffen und bekannt im ganzen Umkreis eines Insektenfluges.
»Man glänzt dann wie flüssiges Gold, und man kann fliegen. Man ruht in den Rosen und atmet ihren Duft.«
Die Hummel wurde hierdurch an ihren Markt erinnert.
»Jetzt muß ich mich wirklich beeilen«, sagte sie, »die Konkurrenz ist zu groß heutzutage. Jedenfalls wünsche ich Ihnen alles Gute.«
Der Pilger mit dem schleppenden Hinterbein pilgerte weiter. Über den Weg kam ein Wagen gefahren.
Das ist das Rad des Lebens, dachte der Pilger mit dem schleppenden Hinterbein und hastete darauf zu.
Das Rad ging über ihn hinweg.
Auf dem Wege war nichts als eine formlose Masse.

Zur selben Stunde kroch im sonnigen Süden ein kleiner Rosenkäfer aus dem Ei. Ganz zuerst betastete er mit dem Fühlhorn sein linkes Hinterbein. Er wußte selbst nicht, warum er das tat. Das linke Hinterbein war gesund und kräftig und glänzte wie flüssiges Gold. Es war fast noch schöner und glänzender als die anderen Beine.
Die Rosen dufteten.
Das Rad des Lebens ging weiter.

Zur Erzählung:
Dies ist die einzige Geschichte zu den Stammesreligionen Afrikas, die zumeist stark vom Geisterglauben geprägt sind: Gute Geister beschützen die Welt und die Menschen, sorgen für gute Ernten und Gesundheit; böse Geister bringen Krankheit und Unglück, vernichten die Saat, lassen Rinder sterben. Die Geister der Ahnen – die Ahnenverehrung hat einen hohen Stellenwert – geben in besonderer Weise auf die Lebenden acht. Zu den guten Geistern betet man (Dankgebete für die Ernte, Bitte um Segen für das Leben). Tänze, Prozessionen und Opfer sind ihnen bestimmt. Böse Geister – auch ihnen wird geopfert – kann der Medizinmann vertreiben. Unendlich viel erzählt man über die Geister, aber man weiß auch von dem unsichtbaren einen Gott als dem Urheber allen Lebens.

In unserer Geschichte hat der Großvater einer Familie des Dorfes im Alter noch lesen gelernt. Jetzt weiß er, daß die schreckliche Krankheit, die so viele befallen hat, nicht von den bösen Geistern im Wald kommt, sondern von gefährlichen Würmern aus dem Fluß, daß diese Krankheit Bilharzia (Bilharziose) heißt, daß man die Würmer durch eine Lupe sehen kann und daß sie durch Hygiene und Medizin zu bekämpfen sind. So bringt dieser gänzlich moderne Alte, der seinerzeit gegen die portugiesischen Kolonialherrn gekämpft hat (wir befinden uns in Guinea-Bissau in Westafrika), seinem Dorf Segen, weil er die Medizin über den Geisterglauben stellt. Seine Devise: ›Es muß nichts so bleiben, wie es ist.‹

Ahnen
Alter
Aufklärung
Bildung
Bilharziose
Buchwissen
Entschlußkraft
Geisterglaube
Hygiene
Krankheitserreger
Medizin
Mut
Segen
Wandel
Wissenschaft
Zauber
Zukunft

Geister habe ich nicht gesehen

von Renate Welsh

Der Regen hörte so plötzlich auf, wie er begonnen hatte. Es wurde wieder hell. Einen Augenblick lang funkelten die Sträucher, die Hütten, der Waldrand, die frisch gepflügte Erde. Dann begann der Dampf aufzusteigen.
Fast das ganze Dorf war auf dem Platz versammelt, in einem lockeren Kreis. Viele hockten, die Ellbogen auf die Knie und die Köpfe auf die Hände gestützt. Sie waren müde. Den ganzen Tag hatten sie auf den Feldern gearbeitet. Fünf Hektar waren in den vergangenen Wochen neu gerodet worden.
Heute hatten sie Ananassträucher gesetzt.
Heute und gestern und vorgestern.
Morgen würden sie wieder Ananassträucher setzen.
Morgen und übermorgen. 102.000 insgesamt.
Die Ananassträucher gehörten dem ganzen Dorf. Ebenso wie der Mais, die Bohnen, die Tomaten und der Reis auf den Feldern, wie die Gurken und die grünen Pfefferschoten in den Mistbeeten.
Schon im vergangenen Jahr hatte das Dorf Obst und Gemüse an die Genossenschaft in der Stadt verkauft. In diesem Jahr sollte es noch mehr werden. Wenn alles gut ging, konnten sie nächstes Jahr mit dem Bau einer Schule beginnen.

Der Boden war da. Das Saatgut war da. Die einzige Schwierigkeit war die Krankheit, die im Dorf umging und die Menschen schlaff und müde machte. Wenn nur einer krank war, dann konnten die anderen seine Arbeit übernehmen. Wenn mehrere krank waren, dann fehlten sie. Dann blieb etwas ungetan, das getan werden musste, obwohl alle mithalfen, auch die Kinder und die alten Leute.

Diallo Sampa hockte neben seinem Großvater. Ihnen gegenüber saß der Lehrer. Der Lehrer war jung, nur ein paar Jahre älter als Diallo. Er ging selbst noch zur Schule, in der Hauptstadt. Zweimal in der Woche kam er am frühen Abend hierher. Er kam in einem klapperigen alten Auto, das dann weiterfuhr und seine Kollegen in entlegenere Dörfer brachte.
Sie lernten lesen.

Der Großvater las laut vor. Alle hörten ihm zu. Er las mühsam, Wort für Wort. Er schaukelte beim Lesen auf den Fersen vor und zurück, und er hielt das Buch sehr fest. Seine Stirn runzelte sich, die Runzeln krochen auf und ab, hin und her. Er las langsam, aber er machte keinen einzigen Fehler.

Als der Großvater fertig war, atmete Diallo lange aus. Der Großvater war einer der Ältesten im Dorf. Er hatte auf der Farm gearbeitet, als sie noch einem portugiesischen Geheimpolizisten gehörte. Er hatte gegen die Portugiesen gekämpft. Er hatte die Männer aus dem Dorf angeführt und Waffen für die Verteidigungsarmee an die Südfront gebracht. Der Großvater erzählte nicht viel von dieser Zeit, aber die anderen Männer im Dorf hatten berichtet, wie der Großvater allein ein Lagerhaus voll Zuckerrohr verteidigt hatte, in dem sie die Verwundeten versteckt hatten.

Und jetzt lernte er lesen. Am Anfang hatte er mehr Mühe damit gehabt als Diallo. Aber jetzt hatte er eine ganze Seite gelesen, ohne einen einzigen Fehler zu machen.
Alle sahen den Großvater an.
»Wie fühlst du dich jetzt,« fragte der junge Lehrer, »jetzt, da du so gut lesen kannst?«
Der Großvater schaukelte heftiger als zuvor auf den Fersen. Diallo rückte eine Spur näher an ihn heran.

Der Großvater räusperte sich, einmal, zweimal. Er reichte Diallo das Buch und breitete seine Hände aus. Er betrachtete die Handflächen, dann hielt er sie so, dass die anderen sie sehen konnten.
»Diese Narbe«, sagte er, »ist von der ersten Hütte, die ich gebaut habe. Und diese hier ist von dem großen Feuer, als mein erster Sohn geboren wurde. Und diese ist von der ersten Bazooka, die ich abgefeuert habe. Da wusste ich noch nicht, wie man damit umgeht. – Jede Narbe sagt, was war. Sie sagt nicht, warum. Die Bücher sagen, warum.«
»Ich danke dir«, sagte der Lehrer.
Alle, die im Kreis saßen, nickten.
Nur die kleinen Kinder rannten herum, und eine alte Frau war hockend eingeschlafen. Ihr Kopf wackelte.

Diallo spürte eine große Wärme im Bauch, als er den Großvater ansah. Vor einem Jahr hatte der Großvater noch gesagt: Ich will nicht lesen lernen. Ich bin zu alt, hatte er gesagt. Er hatte zum Wald hinübergeblickt. Dort wohnten die Geister, die den Menschen Krankheit und Unglück brachten, die die Saat vernichteten und die Rinder sterben ließen. Die machten, dass die Haut zu jucken begann, dass der ganze Körper anschwoll und schmerzte und die Menschen ausgelaugt waren; zu schwach, um zu arbeiten. Ich gehe bald zu den Ahnen, hatte der Großvater gesagt. Die Ahnen haben nicht gelesen.
Jetzt aber hatte der Großvater gelesen, dass die Krankheit nicht von den Geistern kam, sondern von Würmern. Diallo hätte gern gefragt, ob in dem Buch ein Zauber war, stärker als die Geister.

Ein Mückenschwarm sirrte über ihren Köpfen. Immer wieder hörte man lautes Aufklatschen, wenn einer nach einer Mücke schlug, die sich auf ihn gesetzt hatte. Die Sonnenstrahlen fielen schon schräg. Die Pfützen leuchteten rot. Bald würde es finster sein.
Eine Frau bat den Großvater: »Liest du uns das noch einmal?«
»Ja, lies das noch einmal«, stimmten die anderen zu.
Der Großvater wischte sich mit dem Handrücken über die Lippen, atmete tief ein und las: »Die Krankheit, die uns plagt, heißt Bilharzia. Sie wird durch Würmer gebracht. Die Würmer sind klein. Die Würmer sind so klein, dass wir sie mit den Augen nicht sehen können. Sie schwimmen in den Flüssen.«

Eine Frau unterbrach den Großvater: »Wenn keiner die Würmer sieht – wieso weiß man dann, dass es Würmer sind? Würmer, und keine Geister?«
Der Lehrer sagte: »Man kann sie sehen. Durch eine besondere Art von Glas, die alles tausendmal größer zeigt.« Er zog ein rundes Glas aus der Tasche. »Das ist eine Lupe, nicht so stark wie das Glas, von dem ich gesprochen habe.« Er brach ein Blatt ab und hielt die Lupe darüber. Einer nach dem anderen trat vor, um durchzublicken.

Als Diallo an die Reihe kam, sah er zwischen den Rippen und Adern des Blattes feinere Rippen und feinere Adern. Er schob die Lupe weg. Die Rippen waren nicht mehr zu sehen. Er hielt die Lupe wieder über das Blatt. Sie waren wieder da, dick und hochstehend wie die Sehnen an den Unterarmen der Männer.
»Hast du die Würmer gesehen?« fragte ein Mann den Lehrer.
»Ich habe sie gesehen.«
»Und Geister hast du nicht gesehen?«
»Nein, Geister habe ich nicht gesehen.«

Irgend jemand klatschte in die Hände. »Würmer, nicht Geister! Würmer, nicht Geister!«
Einige klatschten mit.
»Wer fürchtet sich vor Würmern?« rief eine Frau.
Der Großvater richtete sich auf. »Wenn die Würmer die Krankheit bringen, die« – er runzelte die Stirn – »die ... Bilharzia, dann muss man gegen die Würmer kämpfen.«
Ein alter Mann fragte den Großvater: »Willst du mit der Bazooka schießen auf Würmer, die du nicht sehen kannst?«
Alle lachten. Die Alte, die geschlafen hatte, fuhr hoch und fragte verwirrt: »Wie? Was?«
Sie lachten immer lauter, sie schlugen sich auf die Schenkel oder dem Nachbarn auf die Schulter.
»Nicht Geister, nur Würmer!«

Eine Frau, deren kleiner Sohn an der Krankheit gestorben war, starrte vor sich auf den Boden.
Diallo konnte sich gut vorstellen, was sie dachte. Er meinte, die Würmer zu sehen, die sich schlängelten und in ihr Kind hineinkrochen. Es schüttelte ihn.
»Lies weiter«, sagte jemand zum Großvater.

Der Großvater las: »Die Würmer schwimmen in den Flüssen. Wenn ein Mensch ins Wasser steigt, dringt ein Wurm in seine Haut ein. Davon brennt die Haut. Der Wurm lebt dann im Blut. Er vermehrt sich dort. Im Kot des Menschen sind wieder Würmer. Diese Würmer kommen ins Wasser und stecken andere Menschen an, die darin baden oder davon trinken.«
Der Großvater hielt das Buch nahe an die Augen. Es war schon fast dunkel. Die Geräusche im Wald wurden lauter.
»Was kann man tun gegen die Würmer?« fragte einer.
»Es hilft nichts, wenn wir wissen, dass sie im Wasser sind«, sagte eine Frau. »Wir brauchen das Wasser.«
Die Frau, deren Kind gestorben war, blickte auf. »Wenn die Würmer im Kot sind ... dann ist es falsch, seinen Haufen dort hinzusetzen, wo ihn das Wasser wegspülen kann.«
Einige schüttelten die Köpfe und ließen die Zunge gegen die Zähne schnalzen. Es schickte sich nicht, so zu sprechen, fanden sie.
Der Lehrer aber sagte: »Du hast recht. Das ist wichtig. Wir müssen Latrinen bauen. Damit sich die Krankheit nicht weiter ausbreitet.«
»Wenn wir das Wasser kochen, sterben dann die Würmer?« fragte jemand.
»Totes Wasser willst du trinken?« fragte eine alte Frau entsetzt.

Das Auto, das den Lehrer abholen kam, hupte.
»Gibt es auch Medizin gegen die Würmer?«
»Ja«, sagte der Lehrer.
»Steht darüber auch etwas im Buch?«
Der Lehrer nickte. Das Auto hupte wieder und länger.
»Nächstes Mal werden wir weiterlesen«, sagte der Lehrer.
»Das werden wir!« riefen viele gleichzeitig.
»Wir werden weiterlesen, und wir werden Medizin kaufen. Wir werden die Krankheit loswerden.«

Der Lehrer verabschiedete sich. Die Frösche quakten laut. Die Scheinwerfer des Autos schnitten Hütten und Bäume aus der Dunkelheit. Der Großvater lächelte Diallo an.
»Es muss nichts so bleiben, wie es ist«, sagte er.

Arme
Einladung
Fasten-brechen
Fastenmonat
Fest
Freude
Geschenke
Hoça
Islam
Moschee
Muslim
Pflichten
Ramadan

Zur Erzählung:
Es gelingt Murad, dem türkischen Mitschüler, seine Klasse zum abendlichen Fastenbrechen, das seine Familie in der Moschee ausrichtet, einzuladen. Anlaß ist ein spontanes Gespräch über den Ramadan während des gemeinsamen Frühstücks der 8d. Die Zustimmung der Klasse macht Murad überglücklich. Jetzt können seine deutschen Mitschüler etwas Wichtiges aus seiner Religion wirklich kennenlernen. Sicher wird es zu einem Austausch in Frage und Antwort kommen.

Der Ramadan ist der neunte Monat im muslimischen Mondjahr, d.h. das Fest wandert, beginnt jedes Jahr etwa 11 Tage früher. In der 2. Sure vorgeschrieben, wird dieser Fastenmonat – die dritte ›Säule‹ des Islam – auch in Deutschland von vielen Muslimen streng eingehalten. Liegt der Ramadan im Hochsommer, so ist das bei etwa 20 Stunden zwischen Sonnenauf- und Sonnenuntergang besonders schwer. Um so fröhlicher wird das abendliche Fastenbrechen – in den muslimischen Ländern beginnt es, wenn die Lichter an den Minaretten der Moscheen aufleuchten – zumeist im Kreis der Großfamilie gefeiert. Kein Zweifel, es wird üppig gegessen und getrunken (durfte man doch tagsüber auch nicht trinken und rauchen). Und häufig gibt es in der Nacht auch noch allerhand Festlichkeiten. Ausgenommen vom Fasten sind Schwerarbeiter, Kinder bis zu einem bestimmten Alter, alte und kranke Menschen sowie Frauen, die ein Kind erwarten oder gerade geboren haben.
Sinn des Fastens ist, sich Allah in seiner großen Barmherzigkeit zu nähern, der Hungernden zu gedenken, ebenso der eigenen Fehler; sich dankbar zu zeigen über die Offenbarung des Koran und Selbstdisziplin zu üben. Gegen Ende des Ramadan wird die ›Nacht der Macht‹ besonders gefeiert. Sie gilt als Nacht, in der Mohammed den Koran erhalten hat. Wenn die Neumondsichel den Beginn des 10. Mondmonats verkündet, beginnt das dreitägige Fest des Fastenbrechens (arabisch Id al Kidr, türkisch Şeker Bayram, Zuckerfest), neben dem Opferfest das zweite große Fest der Muslime. Der türkische Name sagt alles: Es ist ein fröhliches, ausgelassenes Fest mit vielen Geschenken, Süßigkeiten, geputzten Häusern, festlicher Kleidung, geschmückten Kindern, mit Moscheenbesuch nach dem Festfrühstück am ersten Tag. Die Jüngeren küssen den Älteren die Hände. Böllerschüsse, Lachen, Singen und Tanzen regieren die Tage und die Nächte. Man besucht sich gegenseitig (am ersten Tag die näheren, am zweiten Tag die entfernteren Verwandten, am dritten Tag Freunde und Nachbarn). Aber man vergißt bei aller Freude auch die Armen nicht.

Die Einladung

von Wolf D. Aries

Jeden Donnerstag frühstückte die Klasse 8d in der großen Pause zusammen mit ihrem Klassenlehrer. So war es auch an diesem Tag. Das Pausenzeichen war kaum verklungen, als jeder zu seiner Tasche griff, um das Mitgebrachte hervorzuholen. Herr Pähler, der Klassenlehrer, hatte diesen Brauch mit der Klasse abgesprochen. Und es machte allen Spaß. Manche tauschten sogar ihr Frühstück.
»Hallo, Murad«, rief Karin durch die Klasse. Sie saß nämlich in der letzten Reihe, und Murad hatte seinen Platz vorn in der zweiten.
»Hast du wieder Fladenbrot dabei?«

»Nee«, antwortete Sven für seinen Freund. »Murad ißt nichts. Es ist Fastenmonat, Rama ..., Rama ... dingsbums.«
Herr Pähler sah zu den Jungen hinüber. Tatsächlich, während auf allen Tischen Brotpapier oder Obst zu sehen war, sah man bei Murad eine blanke Tischplatte. Ortwin nahm spontan seine Banane und reichte sie hinüber, aber Murad schüttelte nur den Kopf.
»Danke. Ich möchte nicht.«
Paul hielt ihm die Tetrapacktüte Kakao hin. Aber Murad wehrte erneut ab.
»Idiot.« Paul reagierte verärgert. Wie konnte jemand so blöd sein! Nun schaltete sich Herr Pähler ein, indem er sich an Murad wandte: »Hat der Fastenmonat, der Ramadan, heute begonnen?«
»Nein, gestern. Und ich darf in diesem Jahr zum ersten Mal mit meinen Eltern zusammen fasten.«
»Den ganzen Tag?«
»Von Sonnenaufgang bis Sonnenuntergang; danach dürfen wir das Fasten brechen.«

Inzwischen war es in der Klasse still geworden. Alle kauten oder tranken und hörten interessiert zu.
»Hör' mal«, Peter war aufgestanden und ging zu Murad hinüber, »wenn dich dein Vater dazu zwingt, dann kannst du es zu Hause tun, aber hier doch nicht. Von uns verrät dich keiner.«
Einige der Jungen und Mädchen schauten fast mitleidig zu Murad hinüber, der aber schüttelte den Kopf.
»Guck mal, Kenan ißt doch auch. Ihr seid doch beide Türken«, fügte Peter hinzu.
Jetzt reagierte der sonst eher zurückhaltende Murad scharf: »Ich bin Muslim. Ich faste.«
»Na«, beruhigte ihn Herr Pähler. »Wenn du deine Pflichten erfüllst, dann ist es gut; und niemand darf dich deswegen angreifen. Aber du mußt verstehen, daß die meisten von uns von deinem Glauben, dem Islam, nicht viel wissen. Ich habe daher eine Bitte. Während des nächsten Frühstücks am kommenden Donnerstag erzählst du uns allen etwas über den Ramadan. Geht das?«
»Klar.«
Murad zögerte einen Augenblick.
»Willst du noch etwas?« Der Lehrer sah seinen Schüler fragend an.
»Tja, hm ... Ich habe einen Vorschlag.«
»Und welchen?«
»Also, bei uns in der Moschee lädt immer eine Familie die anderen zum Fastenbrechen am Abend ein. Wer Lust hat, der kommt dann in die Teestube. Für den nächsten Donnerstag hat mein Vater uns in die Liste der Gastgeber eingetragen; und er hat mich gefragt, ob ich meine Klasse einladen will.«
»Alle?« Peter schaute Murad erstaunt an.
»Unsere Moschee liegt am Ende der Gneisenaustraße am Nordring.«

Herr Pähler sah in die Runde. Als er überall auf den Gesichtern freudige Zustimmung sah, wandte er sich an Murad.
»Sag deinen Eltern, daß wir grundsätzlich gerne kommen. Aber vorher fragt jeder zu Hause, ob er Donnerstag abend in die Moschee kommen darf. Am Montag sind wir wieder hier zusammen, dann sagt jeder, wie seine Eltern entschieden haben, so daß du deiner Mutter mitteilen kannst, wie viele von uns kommen.«
Murad strahlte über das ganze Gesicht. Ungläubig fragte er: »Ihr kommt wirklich?«
Sven nahm Murad am Arm: »Klar. Du hast es ja gehört. Erstens kocht deine Mutter prima, und zweitens wird sich euer kleiner dicker Hoça wundern, wie voll die Teestube wird.«
In dem wieder aufbrechenden normalen Lärm der Frühstückspause hörte niemand mehr, wie Murad sagte: »Danke.«
Er war glücklich.

Allah
Arabisch
Bibel
Christen
Glaube
Gott
Heilige Bücher
Jesus
Koran
Mohammed
Muslime
Verstehen

Zur Erzählung:
Fatima fragt nach Peters Glauben. Etwas überheblich schiebt er ihr seine Kinderbibel hin: »Lies nach! Dann verstehst du's – vielleicht.« Am nächsten Tag legt Fatima Peter einen Koran hin. In Arabisch. Auf seine verdutzte Frage erklärt sie: »Lies nach! Dann verstehst du's – vielleicht.« Das ist der Augenblick, da Peter sich entschuldigt. Und auch der Augenblick, da beide wissen: Einander verstehen ist wichtiger als die heiligen Bücher (= die wesentlichen Inhalte der anderen Religion) verstehen. Jedoch: Das eine schließt das andere nicht aus.

Die Hauptsache

von Jutta Modler

Nach der Religionsstunde bleibt Peter noch eine Weile auf seinem Platz und blättert in der Kinderbibel. Er merkt gar nicht, daß Fatima neben ihm steht und neugierig in das Buch schaut. Fatima kommt aus dem Iran und hat einen anderen Glauben als die meisten Kinder in der Klasse. Deshalb nimmt sie auch nicht am Religionsunterricht teil.

»Was liest du da?« fragt sie.
Peter blickt auf. »Das verstehst du nicht«, brummt er und liest weiter.
»Dann erklär's mir«, sagt Fatima und setzt sich neben ihn.
»Wir glauben an Gott und Jesus«, antwortet Peter und klappt das Buch zu. Dann schiebt er es schwungvoll zu Fatima hinüber. »Das kannst du hier nachlesen, dann versteht du's – vielleicht!«

An diesem Vormittag ist Fatima sehr schweigsam, und Peter hat ein schlechtes Gewissen. Immer wieder schielt er zu ihr hinüber. Aber sie lacht nicht einmal, als er lustige Männchen auf einen Zettel malt und zu ihr hinüberschiebt.

»Kommst du heute nachmittag zu uns?« fragt er, als die letzte Stunde vorbei ist. »Wir könnten Pudding kochen und zusammen spielen.«
»Hab' schon was vor«, sagt Fatima und läuft aus der Klasse. Unterm Arm trägt sie die Kinderbibel.

Am nächsten Morgen sitzt Fatima bereits auf ihrem Platz, als Peter in die Klasse kommt. Auf seinem Tisch liegt ein Buch. Er nimmt es in die Hand und blättert darin. Aber er kann keines der Wörter lesen. Das Buch ist in einer fremden Sprache geschrieben.
»Das ist der Koran«, sagt Fatima. »Wir glauben an Allah und Mohammed. Wenn du das Buch hier gelesen hast, versteht du's – vielleicht!«

Peter schaut auf das Buch. Er wird rot. »Ich glaub', ich muß mich wegen gestern entschuldigen«, murmelt er leise.
Dann schaut er Fatima an. Und Fatima schaut ihn an. Und plötzlich müssen beide lachen.
»Weißt du was?« sagt Fatima und nimmt Peter den Koran aus der Hand. »Hauptsache, du verstehst mich und ich versteh' dich!«

Zur Erzählung:
Die religiösen Repräsentanten von Christentum und Islam, Imam Turhan und Pfarrer Becker, sorgen in dem engen Wohnareal einer Stadt gemeinsam dafür, daß die muslimischen und christlichen Kinder einen Fußballplatz bekommen. In einer interreligiösen (interkonfessionellen) Gemeindeversammlung wird alles – nicht zuletzt mit Hilfe der Väter – geregelt. Das ist oikoumenisches Handeln vor Ort.

Freude
Geld
Gemeinde
Gemeinschafts-arbeit
Gott
Imam
Konfessionen
Nationen
Oikoumene
Pfarrer
Sympathie
Verbote
Zusammen-finden

Hier spielt niemand mehr
von Wolf D. Aries

Carlos! Kenan! Warum spielt ihr denn schon wieder hier?« Herr Röder war sichtlich böse. »Könnt ihr nicht drüben auf der Wiese spielen? Ich habe euch das so oft gesagt. Aber ihr hört ja nicht.«
Carlos und Kenan sahen Herrn Röder betreten an. Sie hatten so schön gespielt, und nun kam wieder der Hausmeister und verbot es ihnen. »Aber Herr Röder«, rief Klaus, der gerade dazukam, »wo sollen wir denn spielen?«
»Ja, wo denn?« fragte Carlos erregt. »Wenn wir hier zwischen den Häusern spielen, dann schimpfen Sie. Wenn wir auf der Wiese spielen, dann meckert Frau Meyer, weil sie Angst hat, daß ihren Blumen etwas passiert.«

Herrn Röder reichte es. Die Jungen widersprachen ihm immer. Zwischen den Häusern war das Ballspielen verboten. Erst vor zwei Wochen war eine der großen Thermopanescheiben zu Bruch gegangen, und er hatte hinterher den Ärger gehabt. Nein, er wollte nicht mehr. Und so schrie er: »Hier spielt niemand mehr!«
Carlos bückte sich und nahm seinen Fußball hoch. Kenan zuckte mit den Schultern, während Klaus den Hausmeister wütend anstarrte. Einen Augenblick herrschte gespannte Ruhe.

»Assalam o alaikum«, sagte da eine tiefe Stimme.
Kenan antwortete fast automatisch: »Alaikum salam.« Dann erst schaute er den Sprecher an. Es war Umur Turhan, der Imam der Moschee vom Kantplatz. Dort lernte Kenan seit einem Jahr im Koran lesen.
»Was macht ihr denn für Gesichter? Habt ihr eben so gebrüllt? Man konnte es weithin hören. Schaut einmal, wer da alles aus dem Fenster guckt.« Der Imam grüßte zu den Neugierigen hinauf. Mancher von ihnen gehörte zu seiner Gemeinde.
»Geht es um den Fußball?« fragte er dann und deutete auf den Ball.
Klaus holte tief Luft und begann: »Stellen Sie sich vor, Herr Turhan ...« – Und dann erzählte er dem Imam den Grund des Streites zwischen ihnen und dem Hausmeister Es dauerte eine Weile, bis Klaus zu Ende war. Der Imam hörte ihm geduldig zu. Schließlich fragte er: »Ist das alles?« Carlos, Kenan und Klaus nickten.

»Hm. Das verstehe ich nicht. Warum sollt ihr nicht auf der Wiese spielen? Wegen Frau Meyer? Das kann nicht sein. Die Wiese ist doch so groß wie zwei Fußballfelder zusammen.«
»Ja, aber der größte Teil ist abgesperrt. Da will die Kirchengemeinde bauen.«
»Die Auferstehungsgemeinde?« – »Ja.« – »Dort ist doch Pfarrer Becker.«
»Na, der hat mir gerade noch gefehlt«, murmelte Herr Röder. Er kannte Pfarrer Becker nur zu gut. Schon oft hatte er sich über ihn geärgert, weil der Pfarrer immer für die Kinder eintrat.
»Pfarrer Becker und ich sind hier verabredet, weil wir zu den Evrens wollen. Ich will ihn gleich fragen, wie das mit der Wiese ist.«

Die drei Jungen sahen sich an. Das hilft auch nichts, dachten sie.
»Guten Tag, Herr Amtsbruder.«
»Ah, da sind Sie ja, Herr Becker. Wir haben gerade von Ihnen gesprochen. Es geht um die Wiese neben dem Gemeindezentrum. Die Kinder dürfen hier nicht Fußball spielen. Ginge das nicht doch?«
»Na klar. Ein Teil ist zwar abgesperrt, weil wir bauen wollen, aber daraus wird nichts. Uns fehlt das Geld dazu. Und die Synode wird uns keines geben. Also werden wir noch warten müssen, bis Geld da ist.«

»Ließe sich da zwischenzeitlich ein Bolzplatz einrichten?«
»Morgen abend ist Gemeinderatssitzung. Ich werde den Antrag stellen, daß wir die Wiese dafür freigeben.«
Die Jungen wußten nicht recht, was sie nun tun sollten. Sie sahen den Pfarrer und den Imam fragend an.
Pfarrer Becker lachte. »Nun lauft hinüber zur Wiese und spielt dort. Ich werde euch in den nächsten Tagen Bescheid geben. Ihr müßt mir nur sagen, wie ihr heißt. Bist du nicht der Bruder von Elke Beermann?«
Klaus nickte. »Richtig. Du heißt Klaus?« Klaus strahlte und nickte wieder, ihm wurde Pfarrer Becker immer sympathischer. – »Und wer bist du?«
»Ich heißt Carlos Ruiz. Wir wohnen im gleichen Haus wie die Beermanns.« – »Mein Name ist Kenan Kasavoglu.«

Einige Tage später erhielten viele Familien in der Neusser Straße einen Brief. Er kam von Pfarrer Becker und vom Imam Turhan. Sie luden die Eltern und Kinder in das Gemeindezentrum ein.
Es kamen fast alle Eltern und noch mehr Kinder. Auch Herr Röder hatte eine Einladung erhalten. Und so war auch er gekommen. Jeder unterhielt sich mit seinen Nachbarn. Es war ziemlich laut. Pfarrer Becker mußte richtig schreien, als er zu sprechen anfing.
»Guten Abend«, brüllte er. »Seid mal still!« Aber nur wenige hörten.
Imam Turhan brüllte: »Ruhe!«
Manche machten: »Sch! Sch!« Und dann wurde es langsam ruhig.

Pfarrer Becker begann noch einmal: »Guten Abend! Herr Turhan und ich freuen uns, daß so viele gekommen sind. Es geht um den Bolzplatz. Die Kinder dürfen nicht zwischen den Häusern unserer Neusser Straße kicken, weil dabei immer wieder eine Scheibe getroffen worden ist.«
»Richtig«, sagte Herr Röder laut.
»Eigentlich wollte die Gemeinde auf der großen Wiese einen Kindergarten bauen, aber uns fehlt das Geld. Ich habe daher vorgeschlagen, daß der Kirchengemeinderat auf der Wiese einen Kinderspielplatz und Bolzplatz baut. Dem hat man zugestimmt. Imam Turhan und ich waren auch bei der Stadtverwaltung und haben gefragt, ob wir hier einen Spiel- und Bolzplatz einrichten dürfen. Die Stadt hat ja gesagt. Also können wir bauen.«
Die Kinder jubelten. Endlich bekamen sie einen richtigen Fußballplatz. Als es wieder ruhig wurde, fuhr Imam Turhan fort: »Es gibt nur eine Schwierigkeit. Niemand hat das Geld für den Spielplatz.«

Da stand Carlos Vater, Herr Ruiz, auf: »Das ist einfach. Jeder von uns bringt etwas. Ich besorge die Pfosten für ein Tor.« Und dann meldete sich ein anderer Vater: »Ich bin Pietro Benuti aus Greboli. Hinter jedes Tor muß ein hoher Zaun, sonst fliegt der Ball doch in eine Fensterscheibe. Also ich besorge einen Zaun, wenn mir jemand beim Transport hilft.«
Es ging noch eine Weile hin und her. Schließlich stand fest, wer etwas besorgte, half oder einkaufte. Fast jeder hatte eine Aufgabe übernommen.
»Bevor wir nach Hause gehen«, sagte Pfarrer Becker, »müssen wir festlegen, wann wir mit der Arbeit beginnen. Ich schlage vor, am kommenden Sonnabend.«
»Gut«, meinte der Imam. »Um zwölf ist das Mittagsgebet. Also sollten wir uns um ein Uhr treffen.«
»Ein Uhr auf der Wiese.« – Alle waren einverstanden. Zur verabredeten Zeit standen zwanzig Eltern und fünfunddreißig Jungen und Mädchen am Rande der Wiese neben dem Gemeindezentrum. Pfarrer Bekker teilte ein, wer mit wem und wo arbeiten sollte.

Nach wenigen Stunden waren der Spiel- und der Bolzplatz fertig. An diesem Abend waren alle müde. Nur Pfarrer Becker und Imam Turhan saßen noch spät zusammen.
»Wie viele Nationen waren wir eigentlich?« fragte der Imam.
»Ich weiß es nicht. Herr Ruiz ist Spanier, Herr Benuti Italiener, Frau Spanovic Kroatin und Ihre Landsleute, die Türken.«
»Na, die Abdallahs sind aber Marokkaner.«
»Da können wir nur Gott danken, daß wir wirklich zusammenfanden.«
»Alhamdulilah«, ergänzte der Imam. »Gelobt sei Gott.«

Zur Erzählung:
Der von allen geliebte Sven befreundet sich mit Mustafa, der, neu in der Klasse, den Platz neben Sven, der Martins Platz war, erhalten hat. Martin ist traurig und eifersüchtig. Als Sven ernsthaft erkrankt, beten Martins Eltern und auch Martin für ihn. Mustafa bewegt leise die Lippen. Schon bald befindet sich Sven auf dem Weg der Besserung. Für Martin entsteht die Frage: Hat nun Gott auf das Gebet des muslimischen oder das des christlichen Jungen gehört? Die Großmutter: Es gibt nur einen Gott. Der hört auf alle Gebete in allen Sprachen und aus allen Religionen. Martin wird nachdenklich. Er beschließt, solange Sven aus dem Krankenhaus noch nicht zurück ist, sich um Mustafa zu kümmern.

Allah
Antipathie
Christus
Der eine Gott
Eifersucht
Fremdheit
Freundschaft
Gebetserhörung
Gemeinsames Gebet
Krankheit
Miteinander
Mohammed
Selbstüberwindung
Zuwendung

Martin und Mustafa beten – jeder zu dem einen Gott

von Barbara Hlauschka-Steffe

Martins Eltern kommen erst nachmittags von der Arbeit. Darum geht Martin nach der Schule zu Oma. Sie essen zusammen, und nachher reden sie noch eine Weile miteinander.
Heute sagt Martin: »Wir haben einen Neuen in der Klasse. Einen Türken. Ich kann ihn nicht ausstehen!« Es klingt richtig ruppig.
»Hat er dir was getan?« fragt Oma erstaunt.
»Ja. Er sitzt zwischen Sven und mir«, erklärt Martin kurz.

Nun ist Oma alles klar. Sven ist Martins bester Freund. Seit Schulanfang haben sie immer nebeneinander gesessen. Und auf einmal sitzt jemand zwischen ihnen! Martin mag Sven sehr. Oma übrigens auch. Eigentlich mögen alle Sven. Er hat krause blonde Haare und Sommersprossen auf der Nase. Sven ist fröhlich und redet gern. Frau Bartsch – das ist die Lehrerin – wird schon gewußt haben, warum sie den fremden Jungen ausgerechnet neben Sven setzte, denkt Oma. Mit Sven blcibt man nicht lange fremd.
»Wie heißt denn der Neue?« will Oma wissen.
»Er heißt Mustafa.«
»Kann er Deutsch?«
»Weiß ich nicht«, meint Martin achselzuckend. »Gesprochen hat Mustafa jedenfalls noch kein Wort. Ich glaube, er ist noch nicht lange hier. Aber er lernt Deutsch mit anderen Türkenkindern, hat Frau Bartsch gesagt.«
»Versteht er wenigstens, was geredet wird?« fragt Oma.
»Muß er wohl. Wenn Sven sagt: ›Setz dich hin!‹ oder: ›Nimm dein Schreibheft raus!‹, dann macht Mustafa das gleich.«

Und noch etwas Besonderes fällt Martin ein. »Denk mal«, sagt er, »wenn wir Religion haben, hat Mustafa Freistunde.«
»Er wird Moslem sein. Dann hat er natürlich nicht mit euch Religion. Aber was macht er denn, wenn ihr vor der ersten Stunde betet?«
»Nichts. Er steht bloß da. Betet der nicht wie wir?«
»Nein. Wir sind Christen; das heißt, wir glauben an Christus, von dem uns das Neue Testament erzählt. Die Moslems richten sich nach den Verkündigungen ihres Propheten Mohammed, die im Koran aufgezeichnet sind.«

Sven ist wirklich ein Glücksfall für Mustafa. In der Pause ruft Sven oft: »Komm, spiel mit!« Er sagt Mustafa dann auch, was er machen soll. Sven lacht den Neuen an, und der lächelt schüchtern zurück. Langsam wird Mustafa warm in der fremden Umgebung.
Martin gefällt das absolut nicht. Mustafa soll sich bloß nicht unterstehen, ihm Sven abspenstig zu machen!

Doch eines Tages wird Sven krank und fehlt in der Schule. Und eines Morgens sagt Frau Bartsch ernst: »Es geht Sven schlecht. Seine Mutter hat gerade angerufen. Sven

hat hohes Fieber und schlimme Kopfschmerzen. Es ist möglich, daß er Hirnhautentzündung hat. Davon kann man einen Schaden fürs ganze Leben behalten. Man kann sogar daran sterben.«
Die Kinder sitzen erschrocken. Keines sagt ein Wort. Frau Bartsch fährt fort: »Wir wollen für Sven beten. Wir beten erst miteinander das Vaterunser, und dann mag jeder für sich Gott bitten, daß er Sven hilft.«

So geschieht es. Martin betet in Gedanken: »Lieber Gott, mach, daß Sven nichts mehr wehtut. Laß ihn wieder gesund werden. Bitte!«
Er hört, daß Mustafa leise redet. Er wirft ihm einen scheuen Blick zu. Mustafa merkt es gar nicht. Sein Gesicht sieht abwesend und flehend aus. Martin kann die Worte nicht verstehen, denn Mustafa spricht türkisch. Aber es gibt gar keinen Zweifel, Mustafa hat Frau Bartsch verstanden. Wie die anderen, so betet auch er für Sven, aber eben auf seine Art.

Ein paar Tage gehen darüber hin. Dann kommt Frau Bartsch mit einer guten Nachricht: Sven fühlt sich besser. Seine Krankheit war doch nicht von der schlimmen, gefährlichen Art, die man befürchtet hatte. Sven muß sich noch erholen, dann wird er wieder in die Schule kommen

Martin ist beim Mittagessen ganz aufgeregt vor Freude. Zwischendurch wird er nachdenklich.
»Wissen möchte ich ...« Er stockt.
»Was denn? Sag's doch!« ermuntert ihn Oma.
Martin sagt: »Als wir für Sven gebetet haben: Auf wen mag da Gott gehört haben? Auf uns? Oder – auch auf Mustafa? Der betet doch ganz anders.«
Die Großmutter sagt: »In dem Augenblick, in dem ihr zu Gott gebetet habt, war er bei euch allen, auch bei Mustafa. Es gibt ja nur einen Gott. Es spielt keine Rolle, in welcher Sprache man mit ihm redet. Darum hat Gott euch auch alle verstanden.«

Martin denkt darüber nach, und Oma läßt ihm Zeit dazu.
Nach einer Weile sagt sie: »Dem Mustafa fehlt der Sven sicher sehr. Kümmere du dich doch in der Schule ein bißchen um ihn.«
Martin schweigt. Darum fügt Oma noch hinzu: »Lad' Mustafa doch mal zu dir nach Hause ein. Ihr könnt ja zusammen mit deiner Eisenbahn spielen.«
Warum eigentlich nicht? Martin überlegt und sagt dann vergnügt: »Ich frage Mustafa mal, ob er kommen will. Gleich morgen mach' ich das.«

Zur Erzählung:
Für christliche Kinder ist es ungemein wichtig zu wissen, daß der Koran, Offenbarung für die Muslime, in Abwandlung eine Fülle alt- und neutestamentlicher Geschichten der Bibel enthält. Die hier aus Sure 19 nacherzählend entfaltete Geschichte von der Ankündigung Isas (Jesu) an Marjam (Maria) und der Geburt soll dafür ein Beispiel sein. In beiden Versionen angeboten, kann dieser zentrale christliche Text Mittelpunkt einer christlich-islamischen Weihnachtsfeier werden. Wichtig: Allah vermag in seiner schöpferischen Kraft den Menschensohn in Marjam zu zeugen, aber Isa ist nicht Allahs Sohn. Der ***eine*** *Gott kann keinen Sohn haben. Diesen Grundsatz muslimischen Glaubens gilt es zu respektieren.*

Marjam und Isa – Die muslimische Erzählung von der Geburt Christi

von Dietrich Steinwede

Marjam heißt das junge Mädchen, Marjam, die Dienende. Sie ist von Allah auserwählt. Sie ist ganz rein. Kein Mann hat sie berührt.
Marjam geht fort von ihren Eltern. Sie wandert weit nach Osten. Wie ein Vorhang ist es zwischen ihr und den Eltern.
Und da, wie sie wandert, vor ihr – ein junger Mann, schön von Gestalt und Angesicht. Ibril ist es, Gabriel, der Engel.
Marjam erschrickt: »Bitte tu mir nichts. Allah wird mich beschützen!« Sie hat den Engel nicht erkannt.
Er aber spricht: »Ich bin Ibril, der Bote. Ich komme von Allah. Ich bringe dir gute Nachricht. Einen Sohn wirst du bekommen, Marjam. Er wird den Menschen etwas zeigen. Er wird ein Zeichen sein.«
Marjam spricht: »Wie soll das gehen? Kein Mann hat mich berührt.«
Er spricht: »Allah hat es beschlossen. Allah wird es bewirken. Nichts ist unmöglich für Allah. Er spricht: ›Es sei!‹ – Und es ist. Und Isa, dein Sohn, wird Freude bringen. Barmherzig wird er sein.«

Und wie Ibril es sagt, so geschieht es. Marjam empfängt einen Sohn.
Neun Monate vergehen. Und Marjam ist an einem entlegenen Ort, weit weg, wo niemand sie kennt. Da setzen die Wehen ein. Ein Baum ist dort, eine Dattelpalme.
Und Marjam spricht: »Ach wäre ich doch vorher gestorben und ganz und gar vergessen.«
Verzweifelt ist Marjam. Sie ist untröstlich. Sie hat keinen Mann für ihr Kind.

Da, eine Stimme, wie von unten herauf, Ibrils Stimme:»Sei nicht traurig! Sieh, dort fließt Wasser! Und schüttle den Stamm der Palme! Dann fallen Datteln für dich herab. Dann iß und trink und sei fröhlich!«
Und Marjam schüttelt die Palme. Da hat sie herrliche Früchte. Und sie ißt und sie trinkt von dem sprudelnden Wasser. Und dann bringt sie ihr Kind zur Welt, Isa, das Jesuskind. Und sie wickelt es und pflegt es und gibt ihm zu trinken.

Marjam freut sich, denn sie weiß: Dies Kind ist der Sohn der Wahrheit. Aber sie werden Streit haben seinetwegen. Denn Allahs Sohn ist er nicht. Allah ist der eine Gott. Er hat keinen Sohn. Aber wenn er etwas beschließt, so spricht er: ›Es sei!‹ – Und es ist. Marjam weiß das, aber sie ist guten Mutes. Sie hat Isa geboren, den Propheten.

Nach dem Koran, Sure 19,16-26.34-35

Allah
Ankündigung
Empfängnis
Erwählung
Geburt
Ibril (Gabriel)
Isa (Jesus)
Marjam (Maria)
Menschensohn
Prophet
Schöpfungswort
Unberührtheit
Zuversicht

Bergen-Belsen
Bewunderung
Feuertod
Gott
Holocaust
Israel
Kibbuz
Konzentrations-lager
Schabbat
Schalom
Schmerz
Sensibilität
Versöhnung
Zuneigung

Zur Erzählung:
Da jüdische und christliche Kinder in Deutschland eher selten zusammenkommen, bringen wir nur ***einen*** *Text zu einer deutsch-jüdischen Jungenfreundschaft nach dem Holocaust. Antoinette Becker hat diese zugleich schmerzliche und versöhnliche Geschichte von David Levin, der sieben Jahre nach der Befreiung von Bergen-Belsen 1945 (er war mit seinen Eltern zwei Jahre dort) in eine deutsche Schule kommt, und von dem zwölfjährigen Martin, der auf die geheimnisvolle Ausstrahlung seines jüdischen Mitschülers höchst sensibel reagiert, meisterhaft erzählt. Höhepunkt: Bei einem Wandertag der Klasse wirft der etwas einfältige Gerold eine kleine Maus in das Lagerfeuer. David – entsetzt – muß sich übergeben. Seine Mutter starb in Bergen-Belsen – wie diese Maus. Martin darf David, der bei seinem Großvater wohnt, nach diesem Ereignis häufiger besuchen, auch Schabbat mitfeiern. Doch David wird nicht mehr lange in Deutschland bleiben. Zwei Jahre später geht er in einen Kibbuz nach Israel zu seinem Vater.*
»Freue dich, daß du einen Juden kennen darfst«, hatte die Mutter zum Sohn gesagt, als der ganz überrascht mitteilte: »Mama, er ist Jude.« – »Freue dich; es sind so furchtbar viele von ihnen in unserm Land umgebracht worden.«

Schalom David

von Antoinette Becker

Anfang Februar 1952 war er eines Morgens gegen acht Uhr in die 6. Klasse hereingekommen. Wir glotzten ihn buchstäblich an. Angefangene Unterhaltungen brachen ab. Georg, der sich immer mit Thomas kabbelte, drehte sich herum und schaute den fremden Jungen an. Es wurde still. »Wer bist du denn?« »Ich bin David Levin, ich gehe in die 6a!« Er sprach mit einem spürbaren Akzent fließend Deutsch. Er war anders als die anderen. Lang, schmal, den Kopf voller brauner Locken, traurige große Augen hinter einer Brille.
Er trug eine lange Hose, bessere Schuhe als wir und einen grauen Wollpullover mit einem kleinen Rollkragen. Als der Lehrer hereinkam, ging er zu ihm und sagte leise und höflich: »Guten Tag, ich bin David Levin. Mein Großvater hat mich in der Schule angemeldet. Ich gehe in die 6a.« Der Lehrer sah erstaunt aus, als er ihn musterte und sagte: »Ach, das bist du. Setz dich in die vierte Bank neben Martin Volz.« Das war ich. David zögerte einen Augenblick und setzte sich dann zu mir. Wir schauten zusammen in mein Lesebuch. Einmal drehte er den Kopf zu mir und lächelte mich an. »Danke«, sagte er. Sein Lächeln gefiel mir so gut, daß ich mit Ungeduld auf ein anderes wartete. Er war sehr schweigsam. Einmal fragte der Lehrer nach einem Wort. Wir sollten es erklären oder ein anderes dafür finden. Der Lehrer schaute uns an. »Na, niemand? Und du, David?« Er wußte es, er konnte auch ein Beispiel geben. »Du mußt den Arm heben, wenn du etwas weißt«, sagte der Lehrer. David wurde dunkelrot, und ich sah, daß seine Hand, die auf dem Tisch lag – lang und fein und sehr sauber gegen meine – ich sah, daß sie zitterte. In der Pause kamen ein paar Jungen zu uns. »Woher bist denn du?« »Aus Frankfurt, meine Familie ist aus Frankfurt.« »Was macht dein Vater?« »Er ist Landwirt.« So sah er nicht aus. »Richtiger Landwirt?« »Ja«, antwortete David. Dann aber schwieg er. Mittags gingen wir zusammen nach Hause. Er wohnte ein paar Straßen weiter bei seinem Großvater. Heimgekommen, konnte ich nicht genug erzählen. »Mama, er ist wie ein König.« »Hast du schon Könige gesehen?« »Nee, ein junger König.« Da fing ich schon an, ihn liebzuhaben.

In der Schule wußte er manchmal ganz einfache Dinge nicht, dafür aber löste er alle komplizierten Probleme in Mathematik, und er sprach fließend Englisch. Ich glaube, daß es unserem Lehrer gar nicht so recht war. Am Freitag hatten wir in der letzten Stunde Reli-

gionsunterricht. »Du, wir müssen in einen anderen Raum, komm!« Aber David rührte sich nicht. »Bist du denn katholisch?« – »Nein.« »Bist du nichts?« »Oh doch, ich bin Jude.«
Mein Gott, er war Jude. »Mama, er ist Jude.« »Wer?« »David.« »Freue dich«, sagte Mama, »daß du einen Juden kennen darfst, es sind so furchtbar viele von ihnen in unserem Land umgebracht worden.«
Ich hatte in meinem Elternhaus oft von den schrecklichen Verbrechen gehört. Ich wußte, was ein Konzentrationslager war. Mein Vater wollte, daß wir Kinder Bescheid wußten. In der Schule hatten sie mich manchmal Lügner genannt, Erfinder, blöder Angeber, wenn ich etwas davon gesagt hatte. Ich wußte mit meinen zwölf Jahren viel, aber ich stellte mir doch nichts vor. Mit David begann sich mein Herz zu beunruhigen.

Wenige Tage später hatten wir Wandertag und marschierten morgens früh los. Wir nahmen die Straßenbahn bis zum Wald. Dann liefen David und ich zusammen. An einer Stelle bei einer schönen Lichtung hielten wir, denn dort durfte man ein Feuer machen. Jeder von uns hatte eine Kartoffel und ein Würstchen mitgebracht, um sie in der heißen Asche zu garen. Wir waren sehr guter Dinge, laut und glücklich. David saß schweigsam neben mir. Da kam plötzlich Gerold, ein dicker Junge, gutmütig und etwas einfältig, auf uns zu. In der Hand hielt er eine winzige Maus.

Man sah nur ihr Köpfchen. »Wie die zappelt«, schrie Gerold. »Laß sie doch laufen«, sagte David lauter als sonst. Doch ehe noch ein weiteres Wort fallen konnte, hatte Gerold die Maus ins Feuer geworfen. Manche schrien: »Du Schwein, Idiot, Tierquäler!« Sie boxten Gerold. Einige aber lachten. Ich war entsetzt. Ich schaute David an. Er war weiß bis in die Zähne. Er stand auf, lief weg bis zu einem Gebüsch und übergab sich. Gerold heulte, und der Lehrer sprach mit ihm und mit uns allen über diese unglückliche Tat. Zu David sagte er nichts. Beim Rückweg stellte sich die Fröhlichkeit nicht wieder ein. David und ich liefen nebeneinander. Ich legte ihm zum ersten Mal den Arm um den Hals, obwohl einer schrie: »Ist das deine Braut, Martin?« Ich begleitete David bis nach Hause aus Angst, es könne ihm etwas passieren.

David fehlte drei Tage. Der Großvater rief an, ob ich ihn besuchen wollte. Ich freute mich unbändig. Er wohnte in einem großen, etwas düsteren Haus, aber sein Zimmer war hell. Überall hingen Fotos der Wüste an den Wänden. »Dahin werde ich gehen«, sagte David. »Mein Vater ist schon dort. Er baut unser Leben auf. Das ist Israel.« Auf dem Tisch stand das Bild einer großen dunklen Frau in einem weißen Kleid. »Ist das deine Mutter?« Er nickte nur. »Lebt sie nicht mehr?« »Nur Vater und ich haben überlebt. Weißt du, Bergen-Belsen ist nicht weit von hier. Wir waren zwei Jahre dort. Mutter starb wie die Maus.«
David weinte nicht.

Ich durfte noch oft zu David kommen und blieb auch einmal über Nacht, am Freitagabend, am Vorabend zum Schabbat, dem Sonntag der Juden Die Schabbatkerzen brannten, der Tisch war festlich gedeckt. Vor dem Großvater stand ein silberner Becher, er goß Wein hinein, und jeder trank daraus. Zwei zugedeckte Brote wurden hereingeholt und aufgeschnitten. Jeder bekam davon, auch ich. Es war feierlich, ich fühlte mich wohl und geborgen. Der Großvater streichelte meinem Kopf so, wie es nur Mama zu Hause tat.
Zwei Jahre später ist mein Freund David nach Israel gegangen, wo sein Vater in einem Kibbuz als Landwirt arbeitete.

»Höre Israel, der Herr, unser Gott, ist einer allein. Und du sollst Gott lieben mit deinem ganzen Herzen und mit deiner ganzen Kraft.«

Schalom David.

Welcher Gott ist der wahre Gott?

Absolutheitsanspruch

Enge

Erfahrung

Erkenntnis

Unendlichkeit

Weisheit

Zur Erzählung:
Es gibt keine Überheblichkeit unter den Religionen, keine Religion, die allein Anspruch auf den wahren Gott erheben könnte. Es gibt wohl die mehr oder weniger tiefe Erkenntnis Gottes bei einzelnen in jeder Religion. Das hängt mit deren Welt- und Lebenserfahrung, ihrem reflektierten Schicksal, ihrem Denkgeschick in ihrer Zeit und mit ihrem oikoumenischen Bewußtseinsstand zusammen.
Tolstoj wußte davon.

Meine Religion ist die beste

nach Leo N. Tolstoj

In einem Kaffeehaus in Indien sitzen Menschen aus aller Welt zusammen. Jeder sagt: »Meine Religion ist die beste. Mein Gott ist allein der wahre Gott.«

Da nimmt ein alter weiser Chinese das Wort. Er spricht davon, wie die Menschen über die Sonne denken: »Ein Mensch sagt: ›Die Sonne geht jeden Abend hinter den Bergen meiner Insel zur Ruhe. So ist das und nicht anders.‹ Dieser Mensch ist niemals von seiner Insel heruntergekommen.

Ein anderer sagt: ›Die Sonne geht im Meer auf und im Meer wieder unter. So ist das und nicht anders.‹ Dieser Mensch ist über die Meere gefahren.

Ein dritter sagt: ›Die Sonne kreist nicht um die Erde, sondern die Erde kreist um die Sonne.‹ Dieser Mensch kennt die Lehre von den Gestirnen. – So sagt es jeder anders, je nach dem, wieviel er weiß, wieviel er gesehen hat.«

Und der alte Chinese spricht: »Genauso ist es mit Gott und den Menschen. Der eine Mensch weiß wenig von ihm. Er denkt nicht viel nach. Für ihn bedeutet Gott wenig. Ein anderer Mensch weiß mehr von Gott. Er denkt viel nach über Gott. Für ihn ist Gott erhaben und groß. Für den aber, der am meisten von Gott weiß und der am tiefsten über ihn nachdenkt, ist Gott unendlich erhaben, voller Gnade und Liebe und Barmherzigkeit zu den Menschen.

Überall auf Erden ist diese Gnade Gottes zu finden, seine Liebe und seine Barmherzigkeit. Jeder Mensch auf der Welt kann diesen Gott finden, ganz gleich, wie er ihn nennt, ganz gleich, zu welcher Religion er gehört.«

Nach diesen Worten schwiegen die Streitenden still, und keiner sagte mehr: »Mein Gott ist allein der wahre Gott.«

Blindheit

Der eine Gott

Erahnen

Erfühlen

Erkennen

Glaube

Religionen

Verschiedenheiten

Zur Erzählung:
Die Legende spricht für sich. Wie wenig wissen wir von Gott. Wir sind alle Blinde. Nur in Teilen können wir jeweils etwas von Gott erspüren, erahnen, erfahren. Und dennoch schenkt schon ein Teil immer die Fülle des Ganzen, eine Fülle, die allen, die den Glauben haben, gleicherweise zuteil wird. Das gilt für die monotheistischen Religionen Judentum, Christentum, Islam ebenso wie für die asiatischen Religionen, die neben der Unzahl von Tagesgöttern den einen göttlichen oder gottheitsähnlichen Ursprung haben.

Die sechs Blinden und der Elefant

nach einer buddhistischen Legende von Dietrich Steinwede

Da ist der Elefant.
Da sind sechs Blinde.

Still steht er da, der Elefant.
Und die sechs Blinden nähern sich,
vorsichtigen Schrittes.
Sie wollen ihn kennenlernen, den Elefanten.
Ganz ruhig steht er da.

Und die Blinden beginnen ihn zu befühlen.
Jeder an einer anderen Stelle.
Ja, einer steigt sogar auf seinen Rücken.

Und danach kommen sie zusammen.
Sie sitzen im Kreis. Sie erzählen.
Jeder denkt, ich kenne ihn jetzt, den Elefanten.

»Wie ein großer Korb sieht er aus«, sagt der erste.
Er hat den Bauch betastet.
»Er ist wie eine große Säule«, sagt der zweite.
Er hat ein Bein betastet.
»Wie ein riesiger Fächer ist er«, sagt der dritte.
Er hat ein Ohr befühlt.
»Er ist wie ein dicker Strick«, sagt der vierte.
Er berührte seinen Schwanz.

»Er ist wie eine große Röhre«, sagt der fünfte.
Er tastete den Rüssel ab.
Und der sechste, der auf seinem Rücken saß, meint:
»Er ist wie ein riesiger Berg.«

So hat jeder den Elefanten anders erfahren.
Und jeder denkt, er kennt ihn ganz.
Dabei kennt er nur einen Teil von ihm.
Und doch ist er da, der ganze Elefant.

So ist es mit den Religionen und mit Gott.
Jede Religion kennt nur einen Teil von ihm.
Jede kennt etwas anderes.
Und doch ist er da, der eine Gott. – Für alle.
Alles umfaßt er, die Menschen, die Welt.
Es ist derselbe Gott für alle.

Welcher Gott ist der wahre Gott?

Brücke
Gegensätze
Hände
Himmel
Hoffnung
Überwindung
Verständigung
Vertrauen
Wagnis
Welt
Zueinander
Zukunft

Zum Gedicht:
Eine Brücke für jeden Menschen, jedes Land (jede Religion) wünscht sich Josef Reding, eine Brücke, gebaut von allen Menschen für alle Menschen, mit allen Menschen, eine Brücke mit der Zielrichtung, Gott zu erreichen, denselben Gott für alle. Menschen, die das Gewohnte hinter sich lassen, gehen auf dieser langen, starken und breiten Brücke, Menschen, Hand in Hand, entschlossen, alle Abgründe zu überwinden.
Es ist eine Vertrauensbrücke, eine Hoffnungsbrücke, eine Zukunftsbrücke, eine Gottesbrücke, auf der Hindus und Muslime, Christen, Buddhisten und Juden gemeinsam gehen – ihre Blinden und Lahmen mit sich nehmend –, gemeinsam den Himmel zu finden, der die Welt mit Gott verbindet, gemeinsam eine Welt unter Gott zu bauen, eine gute Welt. Ob das gelingt, das hängt nachhaltig von ihnen selbst ab, von ihrem Willen, Gewohntes zu überwinden, Neues zu wagen.

Eine Brücke laßt uns bauen

von Josef Reding

Eine Brücke laßt uns bauen
von hier bis an des Himmels Rand,
eine Brücke aus Vertrauen,
jedem Menschen, jedem Land!

Wie stark soll unsre Brücke sein?
Sie soll alle Menschen tragen,
alle Menschen, die es wagen,
zur Gewohnheit ›Nein!‹ zu sagen.
So stark soll unsre Brücke sein!

Wie breit soll unsre Brücke sein?
Daß Hand in Hand die Menschen schreiten,
daß man Blinde kann geleiten,
daß man Lahme kann begleiten.
So breit soll unsere Brücke sein!

Wie lang soll unsre Brücke sein?
Daß sie den Abgrund überwindet,
daß jedermann den Himmel findet,
daß sie die Welt mit Gott verbindet.
So lang soll unsere Brücke sein!

Eine Brücke laßt uns bauen
von hier bis an des Himmels Rand,
eine Brücke aus Vertrauen,
jedem Menschen, jedem Land!

IDEE + GRAFIK:
Doris Westheuser

Spiel der Weltreligionen

BENÖTIGTES MATERIAL:
2 DIN-A2-Bögen farbiger Bastelkarton · Lineal · Papiermesser · Bleistift · Schere · Klebstoff · Buntstifte

HERSTELLUNG: ① Die Kopiervorlagen auf den nachfolgenden Seiten 1:1 kopieren.
② Den Bastelkarton mit Lineal und Papiermesser in 6 x 10 cm große Stücke zerschneiden (60 Stück für alle 5 Religionen).
③ Ebenso alle kopierten Karten entlang der gestrichelten Linien ausschneiden. Jede Karte auf ein Bastelkartonstück aufkleben, dabei auf ganzflächige Klebung achten.
④ Für jede Religion eine eigene Buntstiftfarbe auswählen und die Ecken der Bildquadrate damit ausmalen. Die Bilder vielfarbig ausgestalten. ⑤ Das Quadrat in der linken oberen Ecke jeder Karte dient zur farbigen Kennzeichnung zusammengehöriger Paare bzw. Quartette. Sie können nach eigener Wahl oder in der abgebildeten Reihenfolge zusammengestellt werden.

als Quartett-Spiel:

Mit mindestens 24 Karten spielen (oder 36, 48, 60 je nach Anzahl der Mitspieler und Lernziel). Jeweils 4 Karten bilden ein Quartett (farbig kennzeichnen!). Es gelten die üblichen Quartett-Spielregeln.

als Suchspiel:

Mit 2 Religionen: Alle 24 Karten offen auslegen und sich entsprechende Paare zusammenstellen (z.B. Kirche – Moschee).
Mit allen Religionen: Alle 60 Karten offen auslegen und gemeinsame Spuren suchen, z.B. Gotteshäuser, heilige Schriften, Pilgerstätten, Geistliche, Feste usw.

als Frage- und Antwort-spiel:

pro Religion 1 Satz Karten (12 Stück) mit Text und 1 Satz Bildquadrate ohne Text
Die Textkarten zu gleichen Teilen an die Mitspieler verteilen. Die Bildkarten verdeckt aufstapeln. Das erste Kind deckt die oberste Bildkarte auf und beschreibt sie. Wer die passende Textkarte hat, liest den Text vor und darf beide Karten ablegen. Reihum so fortfahren, bis alle Karten abgelegt sind.

als Memory:

Die kopierten Bildquadrate ausschneiden, auf gleich großen Bastelkarton kleben und farbig ausmalen. Paare zusammenstellen und durch gleiche Farbigkeit der Ecken kennzeichnen. Bei vielen Kindern die Kopien doppelt anfertigen, dann bilden jeweils 2 gleiche Karten ein Paar. Es gelten die üblichen Memory-Spielregeln.

Das Spiel der Weltreligionen liefert in Kurzform Grundinformationen zum Kennenlernen der wichtigsten Glaubensinhalte und Ausdrucksformen der 5 Weltreligionen Christentum, Judentum, Islam, Hinduismus und Buddhismus.

Es bietet eine Fülle von Einsatzmöglichkeiten, je nach Anzahl und Alter der Kinder.

Jede Religion kann einzeln vorgestellt werden (bei großen Gruppen mehrfache Kartensätze erstellen!) Schrittweise können die einzelnen Religionen miteinander korrespondieren, z.B. Christen – Muslime, Christen – Juden, Christen – Juden – Muslime usw.

Auf den Seiten **44-53** sind die Kopiervorlagen für die Spielkarten abgebildet.

Christen

CHRISTEN

KREUZ

Symbol der Christenheit. Zeichen für das Leiden Christi. Als Lebenskreuz (mit Knospen oder Trieben) Zeichen für die Auferstehung Christi.

CHRISTEN

BIBEL

Heiliges Buch der Christen (Altes und Neues Testament). Es gibt 3 große christliche Glaubensfamilien (Katholiken, Protestanten, Orthodoxe) und viele kleinere.

CHRISTEN

KIRCHE

Haus Gottes – Hier wird gebetet. Hier finden Gottesdienste, Messen und Andachten statt. Es gibt sehr unterschiedliche Kirchen (Baustil, Größe, Ausstattung).

CHRISTEN

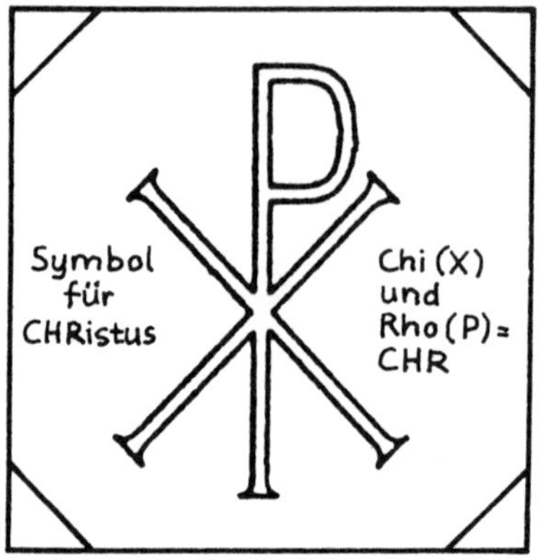

JESUS CHRISTUS

Christen glauben an den einen Gott, der seinen Sohn Jesus zur Erlösung der Menschen auf die Welt gesandt hat. Das Evangelium (= Gute Nachricht) ist Jesu Botschaft.

CHRISTEN

PRIESTER/PFARRER^IN^

Geistlicher und Seelsorger seiner Gemeinde (bei den Protestanten auch Frauen!). Mönche und Nonnen leben in Klöstern. Oberster Priester der Katholiken ist der Papst.

CHRISTEN

GLOCKEN

Mit ihrem Geläut rufen sie am Sonntag, dem Ruhetag der Christen, zum Gottesdienst in der Kirche, der von den Geistlichen mit der Gemeinde gefeiert wird.

Das Christentum ist die am meisten verbreitete Religion. Sie ist ausser in Tibet, den arabischen Ländern und

CHRISTEN

TAUFE

Christliches Sakrament – Namensgebung und Aufnahme in die christliche Gemeinschaft. Mit 13/14 Jahren Konfirmation bzw. Firmung, das bedeutet Religionsmündigkeit.

CHRISTEN

DIE TAUBE

ist das Symbol der Taufe und des heiligen Geistes (mit Ölzweig auch Friedenssymbol). Christen glauben an die Dreieinigkeit Gottes: Vater, Sohn und Heiliger Geist.

CHRISTEN

WEIHNACHTEN

Am 25. Dezember jeden Jahres feiern die Christen die Geburt Jesu. Das Drei-Königs-Fest am 6. Januar ist für die orthodoxen Christen das Weihnachtsfest.

CHRISTEN

ABENDMAHL

Für evangelische Christen Erinnerungsfeier (letztes Abendmahl, Tod/Auferstehung). Für katholische Christen Eucharistie (Danksagung) = Wandlung von Brot und Wein in Leib und Blut Christi.

CHRISTEN

GEBET

Das VATERUNSER wird in vielen Sprachen von Christen in der ganzen Welt gebetet. Jn der Kirche oder zu Hause, allein oder gemeinsam, überall kann man zu Gott sprechen.

CHRISTEN

MARIENVEREHRUNG

Die katholischen Christen verehren viele Heilige, vor allem Maria als Mutter Jesu. Es gibt viele Marien-Feste, Marien-Kirchen und Marien-Wallfahrtsorte (z.B. Lourdes).

Teilen Afrikas nahezu überall auf der Welt zu finden, besonders in Nord- und Südamerika, Europa und Australien.

JUDEN

MENORAH

Siebenarmiger Leuchter, der einst im Tempel von Jerusalem stand. Die Menorah ist eines der bedeutendsten jüdischen Glaubenssymbole.

JUDEN

TORA

Die ersten 5 Bücher des Alten Testaments – wichtigster Teil der hebräischen Bibel. Die Tora ist auf Rollen geschrieben und wird in der Synagoge aufbewahrt.

JUDEN

SYNAGOGE

Versammlungsort der jüdischen Gemeinde und Gebetshaus, zugleich auch Lehr- und Gottesdiensthaus. Hier steht auch der Tora-Schrein.

JUDEN

DEVARIM

Die Gesetzestafeln mit den 10 Geboten, die Mose auf dem Berg Sinai von Gott empfing. Sie bilden die Grundlage des Bundes zwischen Gott und dem jüdischen Volk.

JUDEN

RABBINER

Lehrer, Prediger und Richter einer jüdischen Gemeinde. Das Wort kommt vom hebräischen RABBI, was „mein Meister, mein Lehrer" bedeutet.

JUDEN

SCHABBAT

Wöchentlicher Ruhetag, der unter Einhaltung fester Rituale nach bestimmten Regeln begangen wird. Beginnt am Freitag Abend und endet am Samstag Abend.

Israel als jüdischer Staat steht im Zentrum jüdischen Lebens, auch für die in der Diaspora

☐ JUDEN

DAVIDSTERN

Jüdisches Motiv seit ungefähr 2700 Jahren. Seit dem 19. Jahrhundert Symbol für das Judentum. Heute nationales Emblem des Staates Jsrael.

☐ JUDEN

BAR-MIZWA/BAT-MIZWA

Sohn/Tochter des Gebots und damit religionsmündig werden Jungen und Mädchen an ihrem 13. bzw. 12. Geburtstag. Erstmals lesen sie am Schabbat einen Tora-Text in der Synagoge vor.

☐ JUDEN

JOM KIPPUR

Das Versöhnungsfest ist der höchste Feiertag. Alle Erwachsenen fasten an diesem Tag und am Abend wird in der Synagoge der SCHOFAR (das Widderhorn) geblasen.

☐ JUDEN

BESCHNEIDUNG

und Namensgebung am 8. Tag nach der Geburt als Zeichen des Bundes zwischen Gott und Jsrael. Nur wer (männlich) beschnitten ist, ist wirklich Jude.

☐ JUDEN

GEBET

Um richtig zu beten, brauchen Juden die Kipa (Käppchen – kein Jude tritt unbedeckten Hauptes vor Gott), den Gebetsmantel und die Gebetsriemen um Stirn und linken Arm.

☐ JUDEN

DIE WESTMAUER

auch KLAGEMAUER genannt, ist der Rest der Aussenmauer des herodianischen Tempels in Jerusalem. Größtes Heiligtum der Juden. Gebetsstätte. Hier werden auch Bar Mizwa-Feiern gehalten.

über die ganze Welt verstreut lebenden Juden (vor allem USA, Alaska, ehemalige Sowjetunion).

Muslime

MUSLIME

Das Glaubensbekenntnis in arabischer Schrift

ALLAH

Glaube an den einen Gott – Mohammed ist der Gesandte Gottes und sein Prophet. Die SCHAHADA, das zentrale Glaubensbekenntnis, wird täglich mehrmals gesprochen.

MUSLIME

KORAN

Heiliges Buch der Muslime. In der Koranschule lernt man den arabischen Text lesen und verstehen. Der Koran ist in 114 Suren (Kapitel) eingeteilt.

MUSLIME

MOSCHEE

Muslimisches Gotteshaus. Hier findet das rituelle Freitagsgebet statt. In jeder Moschee zeigt eine Nische (MIHRAB) die Gebetsrichtung nach Mekka an.

MUSLIME

DIE 5 SÄULEN DES ISLAM:

(Islam bedeutet „Hingabe") Das Bekenntnis zu Allah – das tägliche Gebet – Almosen geben – Fasten im Fastenmonat Ramadan – die Wallfahrt nach Mekka.

MUSLIME

IMAM

Der Freitag ist der Ruhetag der Muslime. Jeden Freitag Mittag predigt der Imam, der Vorbeter, in der Moschee. Er steht dabei auf einer erhöhten Plattform (MINBAR).

MUSLIME

MINARETT

Turm neben der Moschee. Von hier ruft der MUEZZIN die Gläubigen fünf mal am Tag zum Gebet auf. Das arabische Wort Minarett heißt übersetzt „Leuchter".

Die Verbreitung des Islam hat stark zugenommen, ausser im Vorderen Orient

MUSLIME

KOPFTUCH

Der Koran verlangt von muslimischen Frauen sittsame Kleidung. Diese Regel wird unterschiedlich streng ausgelegt: Manche Frauen verhüllen sich ganz, manche nur die Haare.

MUSLIME

RAMADAN

Während des Fastenmonats Ramadan essen und trinken erwachsene Muslime nur bei Dunkelheit. Das Ende der Fastenzeit wird mit dem Fest des Fastenbrechens gefeiert.

MUSLIME

DAS OPFERFEST

ist das wichtigste muslimische Fest. Zum Gedenken an das verhinderte Opfer Jsmaels durch Jbrahim schlachtet jede Familie ein Schaf und teilt das Fleisch mit Nachbarn und Armen.

MUSLIME

BESCHNEIDUNG

Ein Junge kann erst dann ein richtiger Muslim werden, wenn ihm (meist vor dem 7. Geburtstag) ein Stück seiner Penisvorhaut abgeschnitten wurde.

MUSLIME

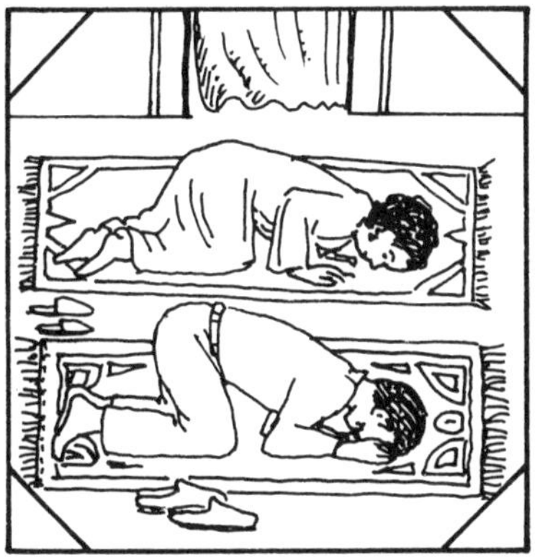

GEBET

Vor jedem Gebet sind rituelle Waschungen vorgeschrieben. Muslime beten 5x täglich nach einem bestimmten Ritus auf einem Gebetsteppich in Richtung Mekka.

MUSLIME

MEKKA

Wallfahrtsort in Saudi-Arabien, den jede/r Muslim/in 1x im Leben besuchen soll. Die KAABA mit dem Schwarzen Stein ist das Hauptziel der HADSCH (Wallfahrt).

gibt es in Nordafrika, Indonesien, Indien, USA und Westeuropa viele Muslime.

Hindus

HINDUS

VIELE GÖTTER

Hindus glauben an eine Urgottheit (Brahman) und unzählig viele Einzelgötter. Die 3 Hauptgötter sind Brahma (der Schöpfer), Vishnu (der Erhalter) und Shiva (der Zerstörer).

HINDUS

VEDEN

Heilige Schriften der Hindus
Das indische Wort bedeutet „Wissen". Die RIG VEDA ist die älteste heilige Textsammlung. Sie ist über 3000 Jahre alt.

HINDUS

TEMPEL

Kultbau für eine Gottheit
Es gibt viele unterschiedliche Tempel. Dort werden Götterbilder (MURTIS) verehrt, die die göttlichen Kräfte repräsentieren.

HINDUS

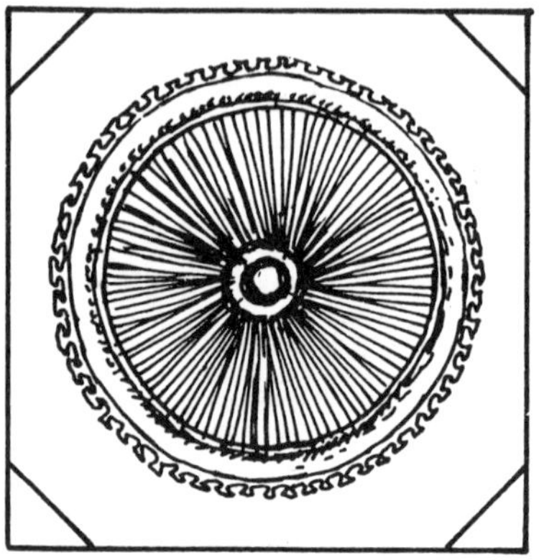

SAMSARA

Kreislauf der Wiedergeburten. Hindus glauben, so lange als Pflanze, Tier oder Mensch wiedergeboren zu werden, bis sie durch MOKSCHA davon befreit werden.

HINDUS

GURU

geistlicher Lehrer, der in seinem ASCHRAM (religiöses Zentrum) seine Schüler um sich schart. Nur Brahmanen (oberste Kaste) können Tempelpriester werden.

HINDUS

KARMA

Summe der schlechten und guten Taten und Gedanken eines Menschen. Das Karma entscheidet, als welches Lebewesen und in welcher Kaste man wiedergeboren wird.

Der Hinduismus hat seinen Ursprung in Indien, wo heute über 2/3 seiner Anhänger leben. Inzwischen sind auf der

HINDUS

MANTRA

Ein Mantra kann eine Silbe, ein Wort oder ganzer Satz sein. Es hilft dem Meditierenden, seine innere Mitte zu finden. Das bekannteste Mantra ist die heilige Silbe OM (a-u-m).

HINDUS

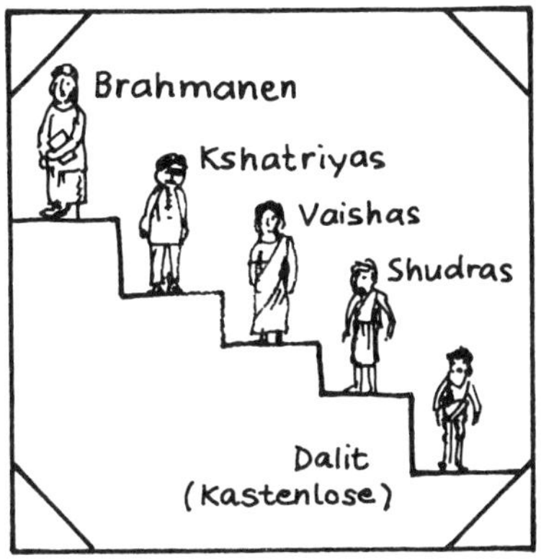

DIE KASTEN

Jeder Hindu wird in eine bestimmte Kaste hineingeboren, der er bis zu seinem Tod angehört. Die Aufgaben, Rechte und Pflichten einer Kaste sind genau geregelt.

HINDUS

DIWALI

Es gibt sehr viele hinduistische Feste. Diwali ist ein grosses Lichterfest. Zu Ehren Vishnus leuchten unzählige Lichter in Tempeln und Fenstern und es gibt tolle Feuerwerke.

HINDUS

DIE KUH

ist den Hindus heilig. Sie wird als Sinnbild für alles Lebendige verehrt. Aus Ehrfurcht vor dem Leben ernähren sich viele Hindus vegetarisch.

HINDUS

GEBET

Täglich versammeln sich die Gläubigen in den Tempeln zu PUJAS (Andachten), zum Beten, Opfern und Meditieren. Viele haben zu Hause einen Puja-Raum oder eine Puja-Ecke.

HINDUS

BAD IM GANGES

Alle Hindus wollen einmal im Leben in die heilige Stadt Varanasi pilgern, um dort durch ein Bad im heiligen Fluss ihre Seele von aller Schuld reinzuwaschen.

ganzen Welt Hindugemeinschaften zu finden, besonders in Nordamerika, Australien und Indonesien.

Buddhisten

☐ BUDDHISTEN

BUDDHA

der Erleuchtete, auch „Licht der Welt" genannt. Er wird nicht als Gott verehrt. Vor seiner Buddhawerdung war er Prinz Siddharta Gautama.

☐ BUDDHISTEN

TRIPITAKA

Heiliges Buch „Der Dreikorb", dessen auf Palmblätter geschriebene Texte in 3 Körben gesammelt wurden. Es erzählt vom Leben Buddhas und enthält seine Predigten.

☐ BUDDHISTEN

STUPA

Glockenförmiger Kultbau, in dem Reste von Buddhas Asche und andere Reliquien verehrt werden. Mehrstöckige Tempel heißen PAGODEN.

☐ BUDDHISTEN

RAD DER LEHRE

Buddha setzte das Rad der Lehre in Bewegung, als er den DHAMMA, die Lehre, verkündete. Alle, die sie befolgen, gehören zur SANGHA, zur Gemeinschaft der Buddhisten.

☐ BUDDHISTEN

MÖNCHE

Manche Buddhisten werden Mönch oder Nonne für ihr ganzes Leben, die meisten gehen (oft schon als Kind) für gewisse Zeit in ein Kloster, um dort die Gebote des Glaubens zu lernen.

☐ BUDDHISTEN

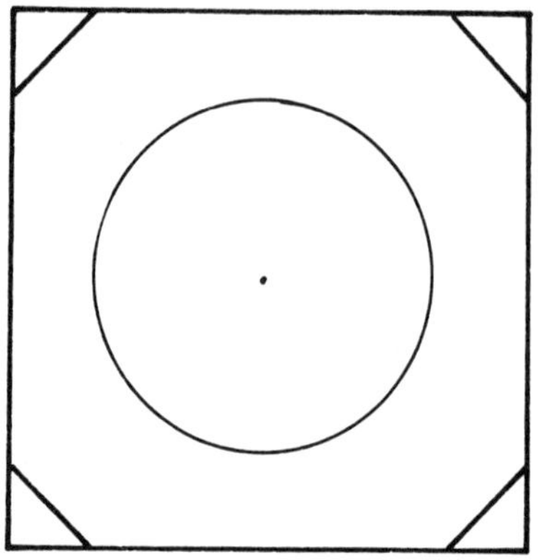

NIRWANA

Die Überwindung des Kreislaufs der Wiedergeburten - die Befreiung vom Ich = der Zustand vollkommener Glückseligkeit. Das höchste Ziel, das ein Buddhist erreichen kann.

Die meisten Buddhisten leben in Ost- und Südostasien, besonders in Sri Lanka, Japan,

BUDDHISTEN

LOTOS

Die Lotosblume ist Sinnbild des Buddhismus und Symbol für Erleuchtung, auch aus einem Zustand der Unwissenheit heraus.

BUDDHISTEN

MANDALA

Meditationsbild, das den Weg vom vielfältigen Leben (Quadrat) zum einheitlichen Seinszustand (Kreis) versinnbildlicht. Es hat deshalb immer ein rundes Zentrum.

BUDDHISTEN

WESAK

So heißt das größte buddhistische Fest, bei dem der Geburtstag des Prinzen Siddharta, die heilige Nacht der Erleuchtung und der Tod Buddhas gefeiert werden.

BUDDHISTEN

BODHI-BAUM

Symbol des Buddha. Unter ihm fand Prinz Siddharta Gautama die Erleuchtung und wurde zum Buddha.

BUDDHISTEN

GEBET

Jn der Pagode werden Buddha Opfer dargebracht. Zu Hause betet die Familie vor dem BUTSUDAN, einem kleinen Altar mit einem Bild oder einer Statue Buddhas.

BUDDHISTEN

YIN UND YANG

Das Symbol stammt aus dem chinesischen Buddhismus. Yin und Yang verkörpern zwei gegensätzliche, aber einander ergänzende Naturprinzipien.

Thailand, China, aber auch in anderen Teilen Asiens, sowie im Westen (z.B. USA).

Welt-
religionen

Christentum

Judentum

Islam

Hinduismus

Buddhismus

Das Rätsel kann als Einstieg in den Themenbereich Weltreligionen eingesetzt werden.

In Zahlen gibt es auf der Welt ungefähr: 1 Milliarde 750 Millionen Christen, 900 Millionen Muslime, 720 Millionen Hindus, 300 Millionen Buddhisten und 19 Millionen Juden. Präzise Zahlen über die Gläubigen der Religionen gibt es nicht, sie können nur geschätzt werden.

Zahlenrätsel

Finde die Namen der dargestellten Dinge und schreibe sie zu den Zahlen unter den Bildern. Nun weisst du, welcher Buchstabe zu welcher Zahl gehört und kannst die Zahlen in den Lösungsstreifen in die richtigen Buchstaben verwandeln.

1	2	3	4

5	6	7	8	9

10	6	6	11	9

12	13	14	4

15	7	16	13	17	1

18	19	12	9

Es gibt 5 Religionen,
die auf allen Kontinenten der Erde vertreten sind:

7	16	17	13	15	18	9	3	18	19	1

,

5	19	4	9	3	18	19	1	,	13	15	14	6	1

,

16	13	3	4	19	13	15	1	19	15	19	3	4

12	18	4	4	16	13	15	1	18	15

.

Man nennt sie die

10	9	14	18	17	9	14	13	11	13	2	3	9	3

Chanukka

Das TRENDEL Spiel

Der Trendel ist ein würfelförmiger Kreisel, der ersatzweise aus Papier oder Knetmasse gebastelt werden kann.

MATERIAL:
1 rundes, gerades Holzstäbchen (etwa 8 cm lang) · 1 Stück Knetmasse ODER 1 Stück Zeichenkarton · Klebstoff · Lineal · Bleistift · Schere · Papiermesser

AUS KNETMASSE:
Aus der Knetmasse einen exakt gleichseitigen Würfel mit etwa 2 cm Kantenlänge formen. Das Holzstäbchen genau durch die Mitte stecken und festdrücken. Mit einem spitzen Gegenstand die vier Buchstaben NGHP in die vier Aussenseiten des Würfels eindrücken oder ritzen.

AUS PAPIER: Diese Mustervorlage auf den Zeichenkarton übertragen. Die Falzstellen mit dem Papiermesser anritzen. Ausschneiden, falzen und rund um das Holzstäbchen zusammenkleben.

So wird gespielt:

Jeder Mitspieler bekommt 10–15 Nüsse (oder Pfennige, Knöpfe, Rosinen, Bohnen oder...).

Jeder legt eins davon in die Mitte, in den sogenannten Topf. Dann dreht reihum jeder 1x am Trendel. Ist das N oben, bekommt der Spieler nichts, bei G den ganzen Topf, bei H die Hälfte und bei P muss der Spieler 2 Nüsse in den Topf geben. Wenn der Topf leer ist (nach G), legt jeder wieder eine Nuss hinein. Es wird so lange gespielt, bis einer keine Nüsse mehr hat. Das kann manchmal sehr lange dauern....

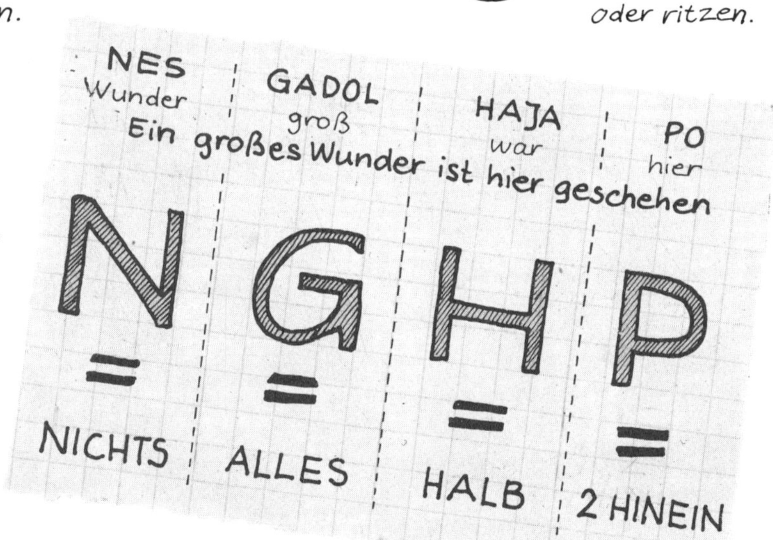

Während der achttägigen Chanukka-Feier spielen die Kinder oft mit dem Trendelkreisel. Dieses alte Spiel gab es schon z.Zt. des Antiochos. Es diente damals der geheimen Andacht der Juden, denen verboten war, in ihren heiligen Schriften zu lesen. Antiochos ließ den heiligen Tempel in Jerusalem plündern und entehren. Die Aussage »Ein großes Wunder ist hier geschehen« erinnert an das Wunder der ersten Chanukka, als die zurückgekehrten Juden im gereinigten Tempel den achtarmigen Leuchter anzündeten und das wenige Öl acht Tage lang reichte.

Klage-
mauer

Jahwe

Die Klagemauer (Rest des herodianischen Tempels in Jerusalem) ist für Juden eine heilige Stätte der Klage und des Gebets.

Wenn die Kinder es wünschen, können die eingesammelten Zettel vor dem Verbrennen anonym vorgelesen und besprochen bzw. gemeinsam nach Hilfestellungen gesucht werden.

Eine Klagemauer bauen

Material:
Mehrere Pappkartons ähnlicher Größe (z.B. Umzugskartons) · Papier · Stifte · Klebeband ·

1. Die Pappkartons an einer Wand zur „Klagemauer" aufstapeln.
2. Jedes Kind bekommt einen kleinen Zettel und schreibt darauf alles, was sein Herz bedrückt.
3. Anschließend übergibt jedes Kind seinen Zettel der Klagemauer:
   - mit verdeckter Schrift (Rückseite nach vorne) ankleben
   - ODER zusammengefaltet zwischen die Ritzen stecken
   - ODER durch einen Schlitz in einen der Kartons einwerfen.
4. Nach einem gemeinsamen Gebet können die eingesammelten Zettel in einer kleinen Tonschale verbrannt werden.

Wer weiß es?

Die jüdische Religion ist eine der ältesten der Welt. Wie alt ist sie?

K etwa 2500 Jahre
L etwa 3200 Jahre
J etwa 4000 Jahre

In welcher Sprache sind die heiligen Schriften der Juden geschrieben?

E Lateinisch
A hebräisch
N arabisch

Die MENORAH ist ein Symbol für das Judentum. Was ist damit gemeint?

T Der Gebetsschal
H Der siebenarmige Leuchter
F Der Ruhetag

Der Stammvater des Volkes Israel, wie sich die Juden nennen, ist

D Abraham
W Jakob
O Mose

Welches Grußwort ist unter Juden gebräuchlich? Es ist das hebräische Wort für Frieden, Glück und Wohlergehen:

Z Schofar
K Schawuot
E Schalom

Die richtigen Antworten ergeben, von oben nach unten gelesen, den Namen Gottes in der hebräischen Bibel. Aus Ehrfurcht sprechen ihn Juden nicht aus. Sie sagen „Adonaj" und „Ha-Schem" stattdessen.
Schreibe ihn hier auf → ☐☐☐☐☐

Chala Zopfbrot

ZUTATEN:

375 g Mehl · 20 g Hefe · 1/8 l lauwarme Milch · 50 g Zucker · 50 g Butter · 2 Eier · 1 Prise Salz

ZUBEREITUNG:

- Etwas Mehl in eine Schüssel sieben, die Hefe in die Mitte bröckeln, mit der Milch, etwas Zucker und Mehl verrühren. Diesen Hefevorteig 15 Minuten gehen lassen.
- Die Butter zerlassen und mit den Eiern, dem Salz und dem restlichen Zucker verrühren.
- Diese Masse mit dem Hefevorteig und dem restlichen Mehl gut verkneten, bis der Teig glatt ist. Wieder 15 Minuten gehen lassen.
- Jnzwischen das Backblech einfetten. Dann den Teig etwa 1 cm dick auf dem Blech ausrollen. Die beiden äusseren Drittel des Teiges schräg in etwa 2 cm breite Streifen schneiden und abwechselnd übereinander legen.
- Den Zopf nochmals 15 Minuten gehen lassen, dann mit verquirltem Eiweiss bestreichen.
- Jm vorgeheizten Backofen bei 225° etwa 30 Minuten goldbraun backen.

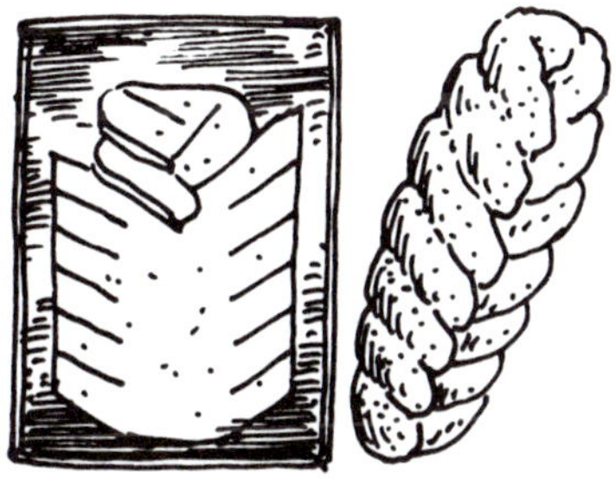

Sabbat

Challoth

Die Challoth (Einzahl Challa), sind fester Bestandteil des zu Sabbatbeginn am Freitagabend gedeckten Abendbrottisches eines jüdischen Hauses. Um die beiden Zopfbrote ist traditionell ein Tuch geschlagen zur Erinnerung an das taubedeckte Brot, das die Israeliten beim Auszug aus Ägypten jeden Morgen vor ihren Zelten fanden.

Möhren-Halva

Zutaten:

- 500 g Möhren, grob geraspelt
- 30 g gewaschene Sultaninen
- 3 EL Ghee oder Butterschmalz
- 60 g Mandelblättchen
- 1/2 TL Kardamompulver · 2 TL Honig ·
- 1/2 l Milch · 60 g brauner Zucker

- Das Fett in einem Topf schmelzen lassen und darin die Sultaninen und die Mandelblättchen goldgelb rösten.
- Möhren, Honig und Kardamom untermischen. Vorhandene Flüssigkeit bei schwacher Hitze verdampfen lassen.
- Milch und Zucker dazugeben und unter ständigem Rühren den Brei so dick einkochen, bis er sich vom Topf läst und eine feste Masse bildet.
- Den Topf vom Ofen nehmen und die Halva auf einer flachen Platte etwa 2 cm dick glattstreichen.
- Die ausgekühlte Halva mit einem nassen Messer in Würfel schneiden.

Feste

Opfergabe

Möhren-Halva ist in Indien eine beliebte süsse Speise, die bei fast allen festlichen Anlässen zubereitet wird. Auch als Dankopfer für die Gottheiten findet sie Verwendung.

Karma

Rad des Lebens

Wiedergeburt

Den Lebensweg mit seinen einzelnen Stationen (mindestens 100) nach eigener Vorstellung oder nach nebenstehendem Beispiel auf ein großes Kartonstück aufmalen (oder Klebepunkte aufkleben). Alle Ereignisfelder farbig kennzeichnen. Ereigniskarten (jede etwa 3 x 5 cm groß) aus Bastelkarton ausschneiden und beschriften. Die Anzahl der Ereigniskarten ist beliebig (jedoch mindestens 18). Je mehr Kinder mitspielen, desto mehr Karten sollten hergestellt werden, um zu häufige Wiederholungen zu vermeiden. Die Aussagen auf den Musterkarten dienen als Orientierung. Sie können noch weiter differenziert werden. Gut geeignet als Gemeinschaftsarbeit!

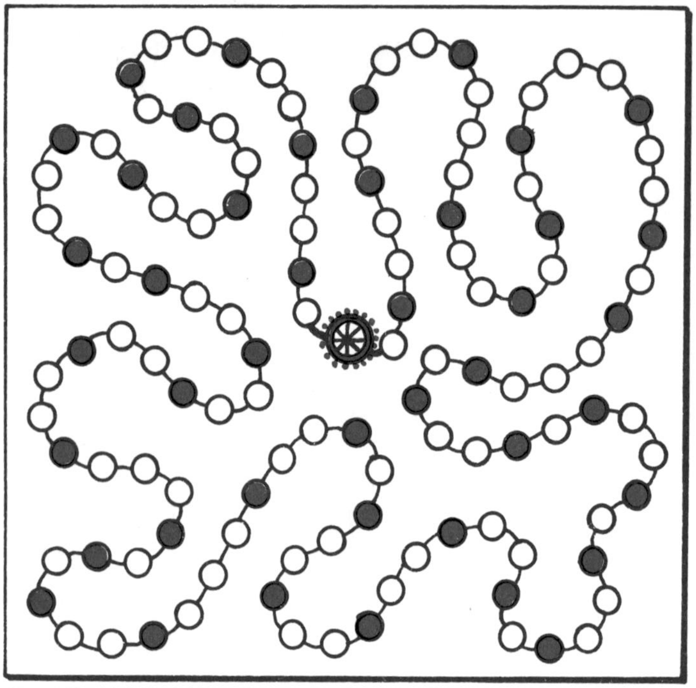

GUTE TATEN/GEDANKEN = GUTES KARMA
Du nimmst dir Nüsse aus dem Topf:

+1 Du bist freundlich	+2 Du warst mitleidig	+3 Du hast einem Käfer das Leben gerettet
+1 Du bist friedliebend	+2 Du hast jemand getröstet	+3 Du bist hilfsbereit
+1 Du bist rücksichtsvoll	+2 Du bist aufmerksam	+3 Du teilst mit anderen

SCHLECHTE TATEN/GEDANKEN = SCHLECHTES KARMA
Du gibst von deinen Nüssen in den Topf:

−1 Du suchst Streit	−2 Du hast gelogen	−3 Du hast ein Tier absichtlich getötet
−1 Du bist neidisch	−2 Du hast gestohlen	−3 Du hast betrogen
−1 Du hast jemand geärgert	−2 Du bist rachsüchtig	−3 Du hast jemand geschlagen

Ein Würfelspiel
zum Selbermachen

■ Bastelanleitung:
siehe Randspaltentext

■ Spielmaterial:
1 Würfel • 1 Spielfigur + 20 Nüsse oder getrocknete Bohnen pro Mitspieler • 1 Topf mit noch mehr Nüssen • 18 oder mehr Ereigniskarten (wie Muster).

■ Spielregeln:
Es wird reihum gewürfelt. Der Start ist auch das Ziel. Vor Spielbeginn festlegen, wie viele Runden gespielt werden. Die Ereigniskarten (E-Karten) liegen verdeckt und gut gemischt auf einem Stapel. Bei Erreichen eines Ereignisfeldes nimmt man eine E-Karte auf und gibt oder nimmt die dort angegebene Anzahl an Nüssen in den Topf bzw. aus ihm heraus. Die E-Karte kommt verdeckt neben den Stapel. Im Verlauf des Spiels wandern so die E-Karten von einem Stapel auf den anderen und zurück (zwischendurch neu mischen!) Genauso vermehrt oder vermindert sich die Anzahl der Karma-Nüsse jedes Mitspielers.

Die heilige Mantra-Silbe OM (sprich: a-u-m) ist ein Sinnbild der drei Lebenstadien: Geburt, Leben und Tod.

Mantra

Meditation

Meditieren ist ruhiges Nachdenken, Besinnen, Sichkonzentrieren auf einen Gedanken oder Gegenstand. Der Zweck der Meditation besteht darin, mit der wachsamen Stille, zu der sie führt, Meditierende für die Vorgänge in ihren Köpfen und Herzen sowie für die Bedürfnisse der Welt um sie herum aufmerksamer zu machen.

TIP:
Beim Ausmalen des Meditationsbildes mit Buntstiften größere Flächen nicht nur mit einer Farbe ausmalen, sondern durch Überlagerung von 2 oder 3 unterschiedlichen Farben eine vielschichtige Farbigkeit anstreben.

Buddhisten

Mandala

Meditieren

Ein Mandala ist ein Meditationsbild, das den Weg vom Irdischen (Quadrat) zum Himmlischen (Kreis) versinnbildlicht. Deshalb ist es immer rund mit dem Zentrum als wesentlichem Teil. Der Name Mandala bedeutet so viel wie KREIS.

Religiöse Mandalas sind aus vielen Symbolzeichen zusammengesetzt, die Eingeweihte zu »lesen« verstehen.

Im nichtreligiösen Gebrauch dient ein Mandala der Konzentrationsförderung: Das meditative Malen setzt schöpferische Kräfte frei und das meditative Betrachten beruhigt und entspannt.

WICHTIG: Beim Ausmalen die innere Ordnung des Mandalas beachten und die Farben so einsetzen, dass die Symmetrie nicht zerstört wird. Durch unterschiedliche Hell/Dunkel-Kontraste ist die Ausdrucksform des Mandalas vielfältig variierbar. Die Vorlage sollte beim Kopieren nach Möglichkeit vergrößert werden.

Mit Zirkel und Lineal können nach den genannten Kriterien (Kreis im Quadrat / Zentrum) auch eigene Mandalas entworfen und farbig ausgestaltet werden.

Was stimmt hier nicht?

Christen	Juden	Muslime
Koran (E)	Bibel (A)	Tora (LL)
Gebetsriemen Gebetsschal (L)	Gebetsteppich (A)	gefaltete Hände (G)
Moses (B)	Jesus (U)	Mohammed (E)
Ramadan (N)	Weihnachten (N)	Pessach (A)
Kreuz (D)	Halbmond (N)	Davidstern (E)
Jahwe (I)	Allah (N)	Gott (E)
Moschee (G)	Kirche (E)	Synagoge (N)
Grabeskirche (O)	Klagemauer (T)	Felsendom (T)

Die Begriffe in den waagrechten Reihen sind teilweise durcheinander geraten. Ordne sie richtig zu, dann ergeben die Kennbuchstaben, waagrecht von oben nach unten gelesen, den Lösungssatz. Er gilt für alle drei Religionen. Schreibe ihn hier unten noch einmal auf:

Die Rätsellösung »Alle glauben an den einen Gott« bezieht sich auf die gemeinsamen Wurzeln der drei Religionen. Das Rätsel ist als Einstieg in das Thema zu nutzen, indem die einzelnen Begriffe gemeinsam besprochen und erläutert werden. Es kann aber auch als »Wissenstest« beim Abschluss des Themas eingesetzt werden.

Christen / Juden / Muslime

Die christliche Jahreszählung beginnt mit dem Jahr 1, dem ursprünglich vermuteten Jahr der Geburt Christi. Sie richtet sich nach dem Sonnenjahr (365 Tage) und basiert auf dem gregorianischen Kalender. Das Kirchenjahr beginnt bei den westlichen Kirchen am 1. Advent.

Die islamische Jahreszählung beginnt mit dem Jahr der Hidschra, der »Auswanderung« des Propheten Mohammed von Mekka nach Medina im Jahre 622. Das muslimische Jahr ist ein reines Mondjahr (354 Tage) und verschiebt sich deshalb gegenüber unserem Kalender jedes Jahr um 11 Tage. Wie im Judentum beginnt der neue Tag nicht am Morgen, sondern mit dem Sonnenuntergang.

Die jüdische Jahreszählung rechnet von der Schöpfung an. Um die gültige jüdische Jahreszahl zu ermitteln, müssen 3760 zu der

Dieser Kalender zeigt auf einen Blick, welche Feste in den 3 Religionen gerade begangen werden.
Er gilt für das Jahr 1999 unserer Zeitrechnung.

BENÖTIGTES MATERIAL:
1 Stück Pappe (etwa 25 x 25 cm, bei Vergrößerung entsprechend größer) • Klebstoff • Schere • Buntstifte • je 1 kurzes Stück Bindfaden und Klebeband • 1 Briefklammer • 1 Nagel

SO WIRD'S GEMACHT:
Die kopierten Halbkreise des Kalenders mit der Schere ausschneiden. Zuerst die Hälfte mit der Klebelasche ganzflächig auf der linken Seite der Pappe aufkleben (flüssigen Klebstoffe mit einem Stück Pappe verstreichen). Dann die andere Hälfte passgenau dazukleben. Überstehende Pappe rundum abschneiden. Für jede Religion eine Buntstiftfarbe auswählen und damit den betreffenden Festkreis ausmalen,

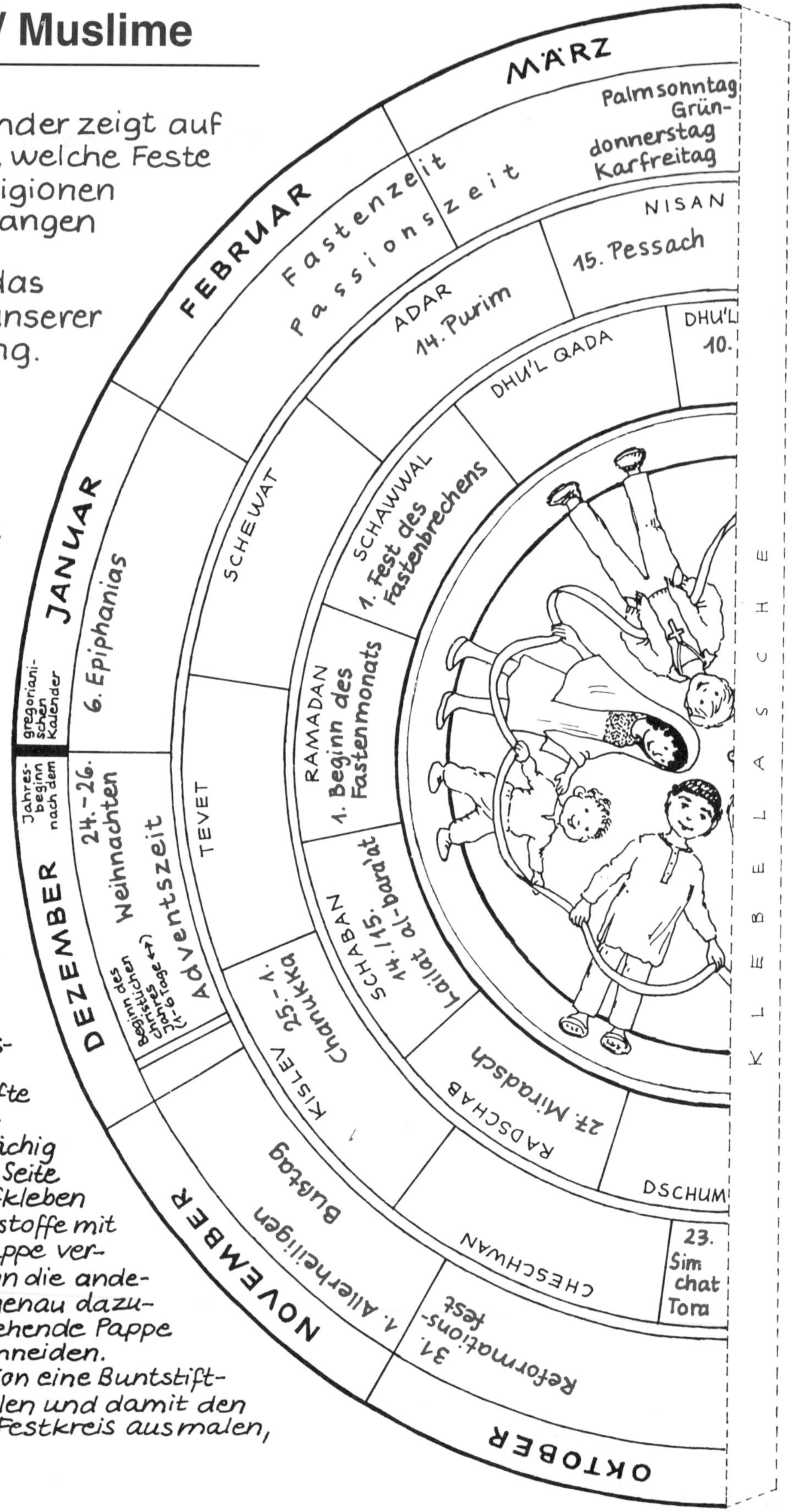

Festkalender der Weltreligionen

CHRISTENTUM

JUDENTUM

ISLAM

... ebenso den Datumskreis und die Kinder im inneren Kreis mit vielen Farben buntmalen. Auf einem Papprest einen 10 cm langen Zeiger aufmalen und das Ende mit dem Nagel durchbohren (Ø 3 mm). Erst dann den Zeiger mit der Schere ausschneiden. Auch den Mittelpunkt der Kalenderscheibe mit dem Nagel durchbohren und dort den Zeiger mit der Briefklammer befestigen. Auf der Rückseite mit Bindfaden und Klebeband einen Aufhänger anbringen. →

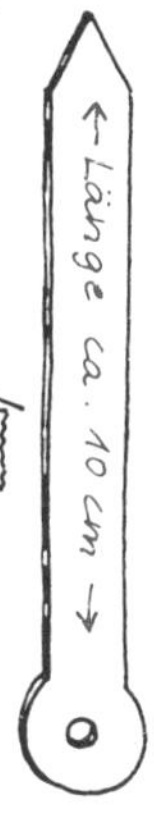

Für einen „immerwährenden" Kalender jeden Festkreis auf eine eigene Pappscheibe kleben und alle 4 Scheiben beweglich zusammenstecken.

jeweiligen gregorianischen Zahl addiert werden (1999 = 5759/5760). Das jüdische Jahr ist ein Mondjahr (354 Tage). Zum Ausgleich gegenüber dem des gregorianischen Kalenders wird ein Schaltmonat (Adar I/II) eingeschoben. Deshalb kehren die jüdischen Feste wie im Christentum immer zur gleichen Jahreszeit wieder.

Dieser Festkalender umfasst die drei Religionen, die als ›abrahamitische‹ Religionen einander verwandt sind.
Er erhebt keinen Anspruch auf Vollständigkeit, da nur die größten Feste erwähnt sind. Weitere Festtage können bei Bedarf selbst eingetragen werden. Um dafür mehr Platz zu haben, empfiehlt es sich, den Kalender beim Kopieren auf etwa 35 cm Ø zu vergrößern.

Toleranz

Glauben

Ehrfurcht

Religions-
freiheit

Ob Synagoge, Pagode, Tempel, Moschee, Kathedrale, Dom oder Kirche:

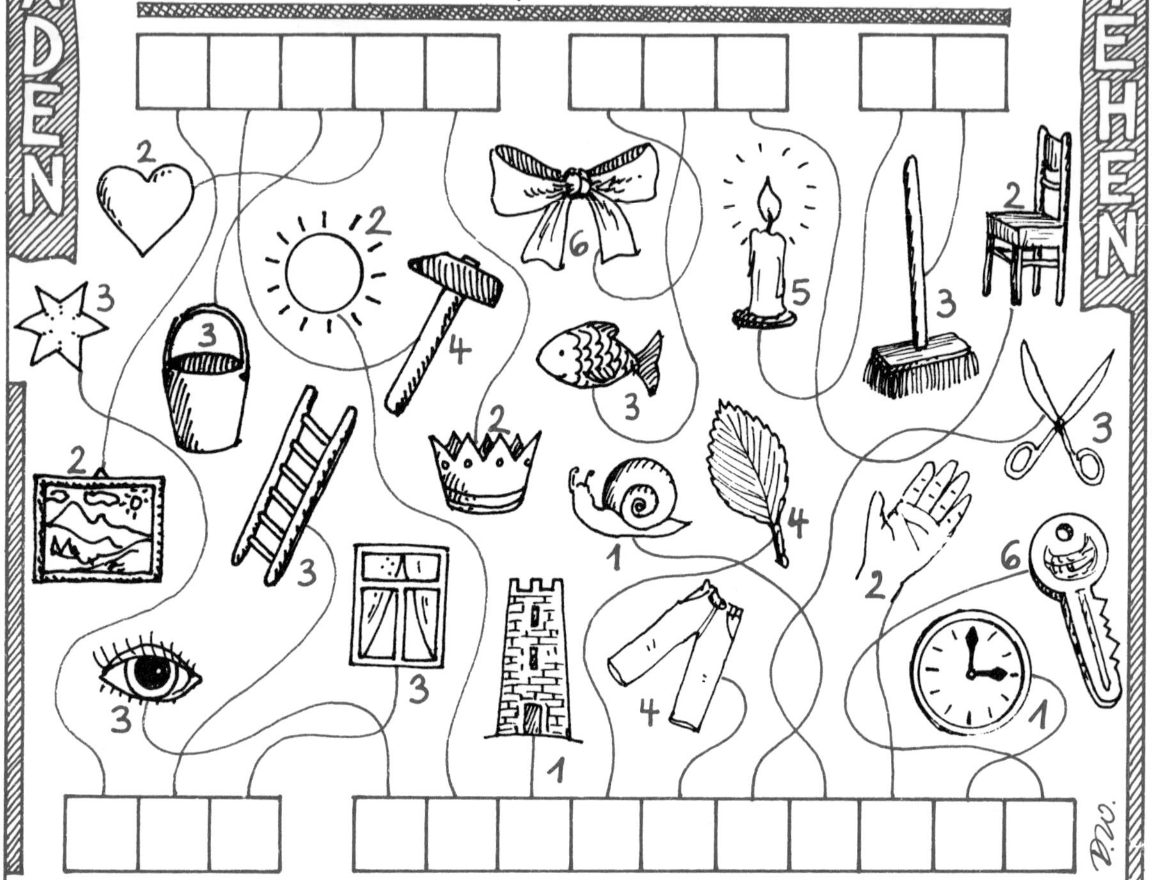

Finde die Namen der abgebildeten Dinge. Die Zahlen neben den Bildern sagen dir, welcher Buchstabe des Wortes gebraucht wird. Schreibe ihn in das Kästchen, zu dem die Linie führt.

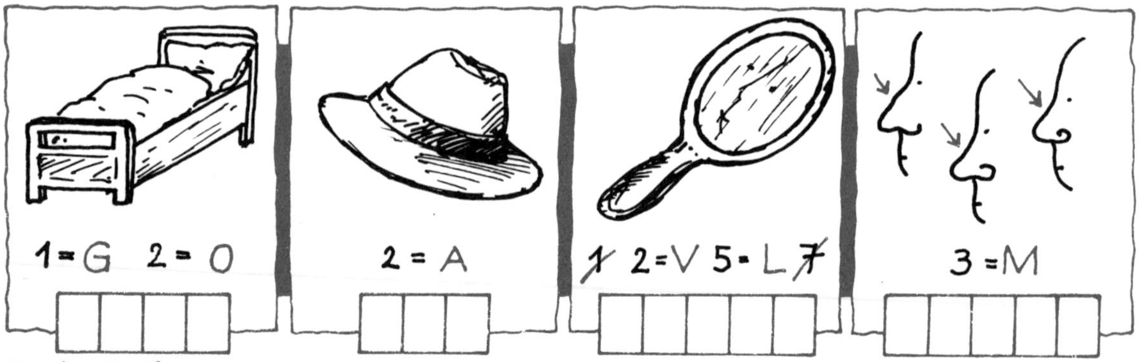

Finde die Namen der dargestellten Dinge und verändere die einzelnen Buchstaben der Wörter wie angegeben. Schreibe die neuen Wörter in die Lösungskästchen.